이완의 순간들

글 이윤주
그림 박동인

이완의 순간들

들어가며   9

십 년 만에 다시, 요가를 만났습니다

1. 첫 만남, 사소한 이유로 시작된 운명   15
2. 평생 안 걸을 생각이었어요?   21
3. 가장 빠른 길은 바른길   28
4. 'YES'의 힘   34
5. 여전히 잘 안될 수도 있다   41
6. 마음 편히 외출할 수 있게 되었다   50

도전은 필요하지만, 욕심은 화를 부릅니다

1. 요가하기 좋은 몸, 나쁜 몸　　　　　　　　　61
2. 해 보지 않고서는 모른다　　　　　　　　　68
3. 일일우일신, 날마다 리즈 갱신　　　　　　　77
4. 일상이라는 수레바퀴　　　　　　　　　　　85
5. 꿈의 아사나　　　　　　　　　　　　　　　94
6. 과유불급, 욕심은 화를 부른다　　　　　　　100

현재를 받아들이는 순간, 다음 여정이 시작됩니다

1. 마음이 마음에게   112
2. Simple is the best   120
3. 덜어내기   130
4. 중력을 거스르는 해방감   138
5. 호흡에 몸을 맡기면   146
6. 한쪽 문이 닫히면 다른 쪽 문이 열린다   153

나만의 속도와 방향으로 나아갑니다

1. 알파이자 오메가   166
2. 허물을 벗고 새롭게 태어나다   174
3. 토대부터 단단하게   181
4. 마음의 밭을 갈다   190
5. 연꽃은 진흙 속에서 피어난다   198
6. 나는 나로 빛난다   206
7. 다시, 중심을 잡다   213

지금, 여기에서 내 안의 나를 만납니다

1. 가슴을 열면 마음이 열린다　　　　　　　　　222
2. 몸은 활, 아사나는 화살　　　　　　　　　　230
3. 언제나 균형을 잡을 수 있다면　　　　　　　237
4. 자유롭고 당당할 수 있다　　　　　　　　　244
5. 인생은 퍼붓는 빗속에서 춤추는 것을 배우는 것　253
6. 내 안의 나를 만나다　　　　　　　　　　　261
7. 나마스테, 당신 안의 신께 경배합니다　　　　268

들어가며

 수영, 헬스, 등산, 필라테스 등 갖가지 운동에는 대부분 '하다'라는 동사가 붙습니다. 그러나 요가에는 '요가한다' 보다 '수련한다'라는 말을 더욱 많이 합니다. 단순한 운동이 아니라 몸을 통해 궁극적으로 마음을 정화하고 단련하기 때문입니다.

 요가원에 다닌 지 몇 년째 되었을 때, 이야기를 나누던 중 지인들이 한 말이 잊히지 않습니다. "운동하러 가더니 몸보다 마음을 다져왔네, 운동 다니는 거 아니고 철학 수업받는 거 아냐?" 그랬습니다. 수련의 날들이 쌓이면서 내가 나를 있는 그대로 바라보게 되었고, '이런 사람'인 나 자신을 따뜻하게 대해주게 되었지요. 그뿐만이 아닙니다. 한 단계 한 단계씩 나아가는 수련으로 꾸준함과 끈기를 얻었습니다. 힘든 순간을 피하지 않고 그저 바라보며 머무르는 경험을 통해 삶의 파도를 잠잠히 넘길 수

십 년 만에
다시, 요가를 만났습니다

1. 첫 만남, 사소한 이유로 시작된 운명

 운동을 해야겠어. 뭐라도 좀 해야겠어.

 이십 대 후반까지 해 본 운동이라고는 고등학교 때까지 있었던 체육 시간 활동들, 그리고 대학 일 학년 여름 방학에 별생각 없이 엄마를 따라가 들었던 두 달의 수영 강습이 전부였다. 열아홉 살 여름에 수영을 배운 이후 십여 년에 가까운 시간 동안 운동이라고는 무엇도 해 본 적이 없었는데. 이십 대 후반이 되어서 왜 갑자기 운동 생각을 했는지 모르겠다. 어느 날 문득, 허리가 너무 아파서였을 수도 있고, 회사에서 직원 복지로 제공해 주는 건강검진에서 운동을 좀 하라는 이야기를 들었을 수도 있다. 여하튼, 지금의 내가 과거 스물일곱, 여덟의 나에게 기특하다고 잘했다고 쓰다듬어 주고 싶은 순간이 있다.

회사 정문 바로 맞은편 건물 지하에 요가원이 있었다. 사무실에서 나와 요가원의 탈의실에 들어가기까지 걸리는 시간은 딱 10분. 주차 걱정도, 버스를 갈아탈 걱정도 할 필요 없이 이차선 이면도로의 횡단보도를 건너기만 하면 되었다. 마지막 요가 수업은 저녁 7시. 상사들 퇴근 시간에 맞춰 6시 30분에 사무실에서 나와 신호등의 초록 불에 길을 건너 요가원에 도착해서 옷을 갈아입고 나면 6시 45분. 물 한 잔 마시고 선생님과 인사하고 매트 펴면 7시. 딱 알맞은 시간이었다. 수업이 끝나고 옷 갈아입고 회사 주차장의 내 차 운전석에 앉기까지 10분이면 되었다. 고민할 필요가 없었다. 그 자리에 요가원이 아니라 헬스장이 있었더라도 결론은 같았을 것이다. 어떤 운동을 하느냐가 중요한 것이 아니었으니까. 무슨 운동을 해야 할지도 몰랐으니까. 그게 무엇이 되었든 누군가의 지도 아래 몸을 움직일 수 있으면 된다고 생각했다. 그렇게 요가와 처음 만났다.

호리호리한 몸매에 짧게 깎은 스포츠머리, 개량한복 같은 품이 넉넉하고 편안한 복장의 맑은 인상을 한 삼십 대의 남자 선생님이셨다. 마지막 시간이라 그런지 수강생은 나와 동료 한 명이 다였다. 수련실의 두 벽은 통 거울이었다. 선생님 뒤편의 벽에는 만트라 문양이 그려져 있었고, 맞은 편 벽에는 여러 도구와 기구들이 놓여 있었다. 우리는 선생님과 요가 매트의 세로 길이 두 배쯤 되는 거리에 마주 앉았다. 이 년 가까이 다닌 요가원의 수업 중 첫 수업에서 들었던 선생님의 말씀이 아직도 생생하다.

"OO랑 싸워도 나는 이길 자신이 있다."

OO는 2미터가 넘는 전직 씨름선수이자 당시 최고의 종합격투기 선수였다. 지금 선생님이 뭐라고 하시는 건가. 이 무슨 근거 없는 자신감이란 말인가. 요가 선생님이니 당연히 유연하겠지만, 좋게 말하면 호리호리하고 솔직히 말하면 힘이라고는 하나도 없어 보이는 몸인데. 말하지 않아도 내 생각이 표정에 다 드러났을 것이다. "OO은 물론 최고의 선수다. 그러나 그는 자신을 모른다. 자기 몸을 싸우는 데 기술적으로 사용할 줄 알지만, 진짜로 자신의 몸을 다루는 법은 알지 못한다. 나는 내 몸의 움직임을 내 뜻대로 만들 수 있다." 대략 이런 말씀이었다. 격투기 선수가 자신의 몸을 이해 못 한다고? 자신의 뜻대로 움직임을 만들지 못한다고? 아니, 격투기 선수가 아니더라도 다치거나 선천적으로 제약이 있는 경우를 제외하고 내 몸을 내 뜻대로 하지 못하는 사람도 있나? 언뜻 이해하기 힘든 말이었다.

그 말을 제대로 이해하게 된 것은 불과 몇 년 전, 이우제 님의 『각자의 요가』를 읽고 나서였다. 주짓수와 복싱을 마스터했을 뿐만 아니라 유명 헬스 트레이너이기도 한 이우제 님은 책을 통해 처음에 요가의 동작들이 너무 어려웠다고, 자신의 몸을 뜻대로 다루기 어려웠다고 말했다. 운동에 전문가인 자신조차 당황스러웠던 그 경험을 통해 다른 운동들과 요가의 차이점을 깨닫게 되었다고 했다. 이우제 님은 중력을 타고 논다고 표현했다. 요가는 중력을 견디며 내 몸의 무게 중심을 적절히 옮겨 힘을 덜 쓰면서 잘 버티고 잘 움직이는 것이라고.° 이제는 나 역시 힘을 의도한 대로 조절할 수 있는 것이 얼마나 어려운 일인지 온몸으로 이해한다. 요가의 아사나 수련은 불필요한 부분에는 힘을 빼고 필요한 곳에는 힘을 주어, 몸을 유연하고 부드럽게 움직여 의도된 움직임들을 수행하는 것이다. 온몸을 써서 운동할 때 몸 전체에 힘을 주기는 쉽지만, 특정 부분에 힘을 주면서 동시에 또 다른 부분에는 힘을 빼기란 생각보다 어렵다. 운동에 있어 어떤 것이 더 우월하다는 뜻이 아니다. 몸을 쓰는 방식이 다르다는 말을 하려는 것이다.

힘을 덜 쓴다는 것은 근력이 필요하지 않다는 말과는 다르다. 오히려 요가 아사나에는 플랭크나 스쿼트 같은 강한 근력을 요하는 자세들이 상당히 많다. 하지만 대체로 요가 하는 사람들을 보면 몸이 강한 근육질이라기보다 부드러워 보인다. 강함을 유연함이 감싸고 있기 때문일 것이다. 그러나 격투기 선수는 몸이 두껍고 단단하다. 강력한 공격을 해야 하고, 그 공격을 너끈히 버틸 수 있는 큰 근육과 힘이 요구되기 때문이다. 그러니 그 요가 선생님과 격투기 선수의 싸움은 아마도 낭창낭창 잘 휘는 연검과 단단한 철퇴의 싸움이 아닐까. 싸움의 기술은 모른다. 그러나 이제는 그때 그 요가 선생님이 정말 이길 수도 있겠다고 생각한다. 부드럽게 잘 휜다고 해서 힘이 없는 것이 아니란 걸 알기 때문에. 다리를 들어 올리고, 몸통을 들어 올리고, 허리를 거꾸로 뒤집으며 중력을 거스르는 요가의 근력은 물과 같다. 물은 평소에는 어떤 저항도 없이 물길을 따라 구불구불 부드럽게 흐르지만, 힘이 응축되면 무엇도 당해낼 수 없다. 홍수를, 쓰나미를 무엇으로 이길 수 있겠나.

일주일에 세 번씩, 월, 수, 금, 이 년여간 그 요가원을 다녔다. 솔직히 그때 내 몸에 어떤 변화가 있었는지 이십 년 가까이 지난 지금은 잘 기억나지 않는다. 다만 그때 그 요가원과 그 선생님을 만나길 참 잘했다고, 단지 요가원이 회사 바로 앞에 위치한다는 사소한 이유로 내린 선택이었지만 그건 사실 내 삶이 내게 안내해 준 운명 같은 길이었다고, 요가와의 첫 만남을 돌이킬 때마다 생각한다.

 이년 뒤 회사를 그만두면서 그 요가원도 그만두게 되었고 한동안 요가와 멀어졌다. 하지만 이후 삶에서 무언가 필요할 때마다 늘 요가를 찾았다. 첫 요가가 없었다면 이후의 삶에서 과연 내가 요가를 떠올릴 수 있었을까. 아니, 내가 요가를 떠올린 것이 아니었다. 우연히 왔지만 우연이 아니었던 첫 만남처럼, 삶의 고비마다 늘 요가가 내게 찾아왔다. 서른 초반, 두 번의 임신 때마다 잠깐씩이지만 다시 요가를 했고 의사도 놀랄 만큼 순산을 했다. 또다시 몇 년 후 어느 날, 재활 훈련이란 것이 필요할 만큼 발목이 망가졌을 때, 보조기구 없이 오롯이 나의 발로 내가 걷고 싶은 만큼 자유롭게 걷고 싶다는 원초적 욕망에 몸부림치던 그때, 다시 한번 요가가 내게 왔고 두 번 망설이지 않고 덥석 그 기회를 잡았다. 그뿐이랴. 수련 중 엉덩이와 어깨 부상을 당해 한동안 쉬었음에도 요가를 놓지 못했다. 그렇게 십 년을 계속하다 보니 이제 요가는 내 삶의 일부가 되어 버렸다. 칠십 세의 할머니가 되어서도 여전히 요가를 하며 살고 싶다. 이쯤 되면 가히 운명이라고 불러도 되지 않을까.

○ 참고문헌: 『각자의 요가』 p26. 이우제. 원더박스

2. 평생 안 걸을 생각이었어요?

간호사 호출을 받고 진료실 문을 열고 들어가는 내게 의사 선생님의 경악에 찬 목소리가 내려꽂혔다.

"지금 이 다리로 걸어 들어온 거예요? 목발 짚고? 평생 안 걸을 생각이에요? 이대로 놔뒀다면 못 걸을 수도 있었어요."

의사 선생님께서 보고 있던 건 몇 시간 전에 찍은 내 발목의 CT와 MRI 사진이었다. 엄마가 아끼는 비싼 그릇을 깨 먹고 혼나는 아이처럼 의사 눈치를 보며 책상 맞은편 환자 의자에 앉았다. 그보다, 못 걸을 수도 있었다니 무슨 청천벽력 같은 소리인가.

"봐 봐요. 지금 발목뼈는 사고 난 자동차 앞유리처럼 온통 미세 골절로 자글자글하고, 인대는 거의 끊어져서 정강이 쪽으로 말려 올라가고 있어요. 이 지경으로, 뭐 얼마나 됐다고요? 이건 수술도 못 해요. 해도 의미가 없어요. 시간이 하도 지나서. 그냥 입원해서 움직이지 말고. 얼마나 효과가 있을지는 나도 장담 못 하지만 조직 재생 주사 맞고, 도수 치료를 받고 ~~~"

쌀라 쌀라 이어지는 의사 선생님 말씀이 더 이상 귀에 들어오지 않았다. 그저 네네, 고개만 끄덕이는 내가 그제야 안되어 보였던지 의사 선생님께서 마지막으로 한 마디 위로를 건네셨다. "그래도 용가리 통뼈인가 보네. 정형외과 의사들은 사진 보면 딱 알아요. 어떻게 다쳤는지. 이 정도로 다쳤는데 뼈가 완전 박살 나지 않은 거 보니 운이 좋았다고 해야 하나. 보기보다 뼈가 튼튼하다고 해야 하나. 그러니 안정 취하고 약 잘 먹고 치료 열심히 받으면 못 걷지는 않을 거예요. 힘내 봅시다."

중국의 지방 2선 도시에 산다. 한국으로 치면 지방 도시 중 도청 소재지 다음 큰 도시라고 할 수 있을 것 같다(그렇다고 해도 부산보다 큰 규모다). 다쳤을 때 살고 있는 동네의 나름 큰 종합 병원 정형외과에 가서 엑스레이를 찍었다. 괜찮으니 찜질 잘 해주라는 말을 듣고 집에 돌아왔었다. 그러나 일주일, 보름이 지나도 목발 없이는 걸을 수가 없었다. 이상하다고 생각하면서도 더 큰 대학병원으로 갈 생각을 못 했다. 엄두가 나지 않았다는 말이 맞았을 것이다. 일곱 살, 세 살 두 아이를 하루 종일 맡길 데도 없었거니와 그 아이들을 데리고 목발을 짚고 대학병원을 갈 수도 없었다. 중국의 병원 시스템은 한국과 달라 모든 과정마다 접수를 새로 하고 선불수납을 해야 다음 단계로 넘어갈 수 있다. 예를 들면 이런 식이다. 처음 진료 접수, 수납 후 의사를 만나 진료를 받는다. 의사가 이런저런 검사 처방을 내리면 다시 접수창구에 가서 필요한 검사를 접수하고 검사비를 선수납한 후 영수증을 가지고 검사실로 간다. CT나 혈액검사 등 각종 검사는 오전 일찍 받아야만 당일 오후에 결과를 받을 수 있다. 그 검사지를 들고 다시 줄을 서서 의사 면담을 한다. 약이나 기타 조치의 처방전을 받으면 또다시 접수창구로 가서 처방전을 접수하고 수납한다. 그 영수증을 가지고 약 타는 곳이나 처치실로 가서 약과 처치를 받으면 일련의 과정이 끝난다. 해 뜰 때 집에서 나와 해가 다 져서야 돌아올 수 있다. 더구나 잘하지 못하는 생존 중국어로 병원 일을 봐야 했다. 당장 죽을 일이 아니니 곧 큰아이가 유치원 졸업하고 방학해서 한국 갈 때까지만 버티자 했다. 병원에서 분명히 괜찮다고 했기에. 그렇게 다친 지 한 달 만에 한국에 와 들은 말이 '대체 이 꼴로 어떻게 지냈냐,

이대로 두면 못 걸을 수도 있었다.'였다. 황당했지만 어쩔 수 없었다. 입원을 했다. 주사와 약과 물리치료와 재활을 겸한 도수치료로 한 달이 바쁘게 지나갔다.

 퇴원하기 전날, 1층 처치실로 내려가 골절 환자들이 신는 보조기구를 맞췄다. 발부터 무릎 아래까지 오는 앞면이 트여 있는 철 장화였다. 반깁스를 한 오른쪽 발과 종아리를 장화에 끼워 넣고 발목의 각도에 맞춰 기구의 발바닥 각도를 조절했다. 그걸 신고 걷는 연습을 했다. 마치 이제 막 발을 떼는 아기처럼 주변을 붙잡고 한 발 한 발 걸었다. 두껍고 평평하고 딱딱한 철판 같은 기구로는 발꿈치, 발바닥, 발가락의 순서로 그려내는 경쾌하고 가벼운 곡선의 발걸음을 만들어 낼 수 없었다. 로봇처럼 무릎을 굽혀 종아리와 발을 한꺼번에 같이 들어 올려 발 전체를 그대로 지면에 착지시키듯 걸어야 했다. 한 달간 근육을 움직여 보지 못한 허벅지는 무릎 아래 3킬로가 넘는 기구의 무게를 들어 올리느라 쥐가 날 지경이었고, 무릎은 굽혔다 펴기만 해도 관절이 욱신거렸다. 오른쪽 종아리는 왼쪽에 비해 딱 절반의 부피로 줄어들었고, 오른쪽 발목은 가동 범위가 사 분의 일로 줄어들었다. 인간의 걸음과 로봇의 걸음을 번갈아 걸으며 퇴원했다. 걷는 게 글자 그대로 고역이었다. 온 힘을 다해 대여섯 걸음을 걷고 나면 온몸이 욱신거렸다.

 중국으로 돌아오고 큰 아이의 초등학교 입학식 날이 되었다. 그 보조기구를 차고 일찌감치 아이의 손을 잡고 집을 나섰다. 아이의 걸음으로 20분 정도인 거리를 아이보다 더 느린 속도로 걸어야 했기에 몇 배 이상의 시간이 걸렸다. 큰 아이의 입학식에서 철 장화를 신은 채 둘째를 안고 아이와 함께 서서 사진을 찍었다. 아이를 학교에 데려다 줘야 하는데 제대로 걷지 못하는 발목을 이끌고 집 밖을 나가는 게 힘들고 버거웠다. 작은 아이를 데리고 보조기구를 한 채로는 찻길을 건너야 하는 초등 1학년의 등하굣길을 매일 함께할 수가 없었다. 등교는 출근하는 아빠와 함께 했으나 하교가 문제였다. 결국, 지인 집의 도우미 아주머니께 일정 금액을 사례하고 큰아이 하굣길을 부탁했다.

 아이가 학교생활에 얼추 적응해 갈 때도, 꽃샘추위가 물러가고 벚꽃이 천지를 화사하게 물들일 때도 바깥은 내게 한 발짝도 디딜 수 없는 다른 세계였다. 생동하는 연둣빛으로 세상이 물들어 가는 동안 내가 할 수 있는 것이라고는 집 안에서 가구를 붙잡고 목발을 짚고 화장실에 가는 일이었다. 걷고 싶었다. 목발 대신 아이의 손을 잡고 걷고 싶었다. 무겁고 칙칙한 까만 색

로봇 다리 대신 가볍고 산뜻한 흰색의 스니커즈를 신고 싶었다.

 병원에서 받은 두툼한 프린트물을 옆에 놓고 매뉴얼대로 발목 강화 훈련을 했다. 수건을 발목에 걸고 발등과 발가락을 몸쪽으로 당겼다가 멀리 뻗어 보냈다. 고작 열 번에 발목에 지구가 매달린 듯 무거워 지쳐버리기 일쑤였다. 포기할 수는 없었다. 매일 프린트물의 단순하기 그지없는, 그러나 진땀이 삐질삐질 나는 각종 재활 동작들을 반복했다. 한두 달쯤 지나자 보조기구 없이 천천히 걸어 아이 등하교를 시킬 수 있게 되었다. 하지만 여전히 더 이상의 외출은 힘들었다. 오른쪽 발목의 움직임이 극히 제한적이라 오래 걸으면 발목부터 다리 전체가 뻣뻣해지고 아파왔다. 오른쪽 발목이 제대로 굽혀지지 않아 쪼그려 앉을 수도 없었다. 상가 건물들의 공용 화장실은 대부분이 재래식 화장실 형태여서 쪼그려 앉아야 했다. 지금은 양변기 화장실도 많아졌지만 쪼그려 앉아야 하는 화장실도 여전히 많다. 집 밖의 화장실만 문제가 되는 것이 아니었다. 비록 좌변기지만, 집에서도 식탁 의자보다 낮은 변기에 편하게 앉을 수가 없었다. 기마 자세처럼 무릎과 발목을 엉거주춤 굽힌 후 양손으로 각각 세면대와 벽을 짚어 몸을 지지한 후, 오른쪽 무릎을 펴고 다리를 뻗은 후 조심조심 앉아야 했다. 의사 선생님은 일상생활에 큰 지장이 없을 만큼 나을 수 있을 거라 했지만 현실은 그렇지 못했다. 평생 이렇게 화장실을 다닐 수는 없었다. 재활다운 활동이 필요했다. 한국이라면 제대로 된 재활치료를 받을 수 있을 텐데… 방법을 찾아야 했다.

 더없이 좋은 초여름, 근처에 괜찮은 요가원이 있는데 같이 가보지 않겠냐는 지인의 전화를 받았다. 요가? 안 그래도 어렴풋이 요가를 생각하던 때였다. 요가를 하면 좀 나아지지 않을까. 나의 어설픈 중국어 실력으로 과연 수업을 제대로 받을 수 있을까 잠깐 고민했지만 길게 생각할 여지가 없었다. 두말없이 가겠다고 답했다. 그렇게 몇 명이 모여 월, 수, 금 주 3회 아침 8시 30분의 그룹 수업을 하나 만들었다.

 최근 아이가 다쳐 대학병원 분원의 소아전문병원을 방문했다. 진료 예약부터 각 단계의 접수, 수납 시스템이 모두 손에 든 핸드폰에서 이루어졌다. 시스템이 완전히 달라져 진료와 검사, 처치까지 30분밖에 걸리지 않았다. 혹시 독자분들께 중국의 병원에 대해 오해를 남길까 덧붙인다.

3. 가장 빠른 길은 바른길

비라아사나
:영웅 자세

1. 바닥에 무릎을 꿇고 앉는다. 엉덩이와 허벅지 아래 놓인 양발과 종아리를 꺼내 허벅지 옆에 놓는다.

2. 손으로 종아리 살을 바깥으로 쓸어내며 두 종아리 사이 바닥에 엉덩이를 내려놓는다. 양발은 엉덩이 옆에 가지런히 놓는다. 발목을 일직선으로 펴서 발등을 평평하게 바닥에 닿게 하고, 발바닥은 천장을 향하도록 한다. 발가락은 모두 가지런히 뒤를 향한다. 무릎은 가능하면 붙이는 게 좋지만 힘들면 살짝 벌려도 된다.

3. 턱을 살짝 당겨 정수리가 곧게 하늘을 향하게 하고 머

리와 척추가 일직선이 되게 한다. 꼬리뼈로 바닥을 눌러 허리와 척추를 바로 세운다. 손은 허벅지 위에 편안하게 둔다.

엉덩이를 바닥에 놓을 수 없다면 엉덩이 아래 블록을 받치고 앉아도 된다. 무릎이 아프다면 매트나 담요 혹은 수건을 말아 무릎 뒤쪽에 끼우면 된다. 중요한 것은 척추를 바르게 세우는 것이다. 몇 번 호흡을 유지한 후 손으로 바닥을 누르며 엉덩이를 들고 한 다리씩 천천히 앞으로 뻗어 자세를 푼다.

첫 시간, 그저 바르게 서 있을 뿐인데 발목이 시큰거렸다. 왼발과 오른발에 고르게 내 무게를 실을 수가 없었다. 온몸이 휘청거렸다. 설상가상 발등을 곧게 펴서 바닥에 붙이고 꿇어앉아야 했다. 오른쪽 발목을 펼 수가 없었다. 담요를 말아 발목 아래에 끼워 놓고 그 위에 발목을 얹었다. 발목을 굽혀 쪼그려 앉는 것만 생각했는데 발목을 쫙 펴서 발목과 발등을 일직선으로 만들라니. 이도 저도 되는 게 없었다. 무슨 정신으로 수업을 끝냈을까. 수업이 끝나고 부축을 받으며 계단을 내려왔다.

'과연 나아질 수 있을까.'라는 생각은 사치였다. 최소한 화장실 가는 것이 일이 되지는 않아야 했다. 그러기 위해서 쪼그려 앉을 수 있게 발목을 움직일 수 있어야 했다. 그 전에 먼저 쪼그려 앉기는커녕 무릎과 발목을 바닥에 붙이고 꿇어앉는 동작조차 할 수 없는 내 몸을 인정하고 받아들이는 것부터가 다시 만난 요가의 시작이었다.

비라아사나(영웅 자세). 무릎과 발목을 단단하게 하고, 동시에 부드럽게 풀어주는 자세다. 시작은 바즈라아사나(금강 자세)에서 비롯된다. 무릎을 꿇고 발등을 바닥에 붙인 채, 엉덩이를 발 위에 내려놓는다. 척추를 곧게 세우고, 손은 허벅지 위에 가만히. 우리가 흔히 알고 있는 '무릎 꿇고 앉은' 모습, 그 평범한 자세가 바로 바즈라아사나다. 그조차 처음엔 쉽지 않았다. 누구나 할 수 있는 바즈라아사나에서부터 발목을 곧게 펴고, 양 종아리를 벌려 그사이 바닥에 엉덩이를 두는 비라아사나까지 가는 길은 길고도 멀었다. 발등을 매트 위에 온전히 붙이는 데만 몇 달이 걸렸다. 그리고 어느 날, 어느 순간이었는지는 분명치 않지만, 문득 내가 발등을 곧게 펴고 앉아 있는 모습을 발견했다. 그 순간 느꼈던 기쁨과 놀라움은 곧 지난 노력이 헛되지 않았다는 깨달음으로 이어졌다.

처음에는 발목 아래 두툼하게 말아 둔 담요의 높이를 1mm 낮추는 것도 아팠다. 처음에는 발목 아래 두툼하게 말아 둔 담요의 높이를 단 1mm 낮추는 것조차 힘겨웠다.
 담요가 조금 내려갈 때마다 발목 안쪽과 발등이 조여 오는 듯했고, 뻐근함과 묘한 불편감이 동시에 밀려왔다. 그 1mm의 변화가 만들어내는 통증은, 생각보다 훨씬 날카롭고 현실적이었다. '내 돈 내고 왜 이런 고문을 자처하나.' 싶은 생각이 수시로 들었다. 수업이 끝나면 시원함은커녕 발목이 풀려 힘이 빠졌다. 관절이 덜컥거리는 인형 발을 바라보는 기분이었다. '이 고통이 과연 의미가 있을까? 더 나빠지기만 하는 건 아닐까? 계속해야 하나?' 고통과 함께 밀려드는 의혹이 더 힘들게 느껴지기도 했다.

그럴 때마다 내가 붙든 건, 오직 믿음이었다. 오늘은 미약해도, 내일은 조금 나아질 거라는 믿음. 달리 뾰족한 방법은 없었다. '느리게 나아가는 것을 두려워하지 말고, 멈추는 것을 두려워하라.' 그 말을 품고 콩나물에 물을 주듯, 매일 수업에 나갔다. 콩나물시루에 물을 부으면 한 방울도 고이지 않고 모두 흘러버리는 것만 같다. 그렇게 물을 주면 도무지 자랄 것 같지 않은데 매일 거르지 않고 주다 보면 어느새 콩나물이 자란다. 하루하루는 티 나지 않지만, 보이지 않는 곳에서 변화는 자란다. 콩나물이 자라듯, 가랑비에 옷 젖듯, 몸에 믿음이 스며들었다. 그렇게 발목 아래 받친 담요를 조금씩 낮춰갔다.

얼마 전, 탕웨이 배우가 JTBC 뉴스룸에 나와 한 인터뷰를 우연히 보았다. 낮게 깔린 목소리로 조곤조곤 말을 이어가는 모습이 참 우아했다. 하지만 내 마음에 깊이 남은 건 그 목소리가 아니라, 인터뷰 끝에 그녀가 전한 한 문장이었다.

배우로서 끊임없이 배우고 노력하겠다는 각오와 함께 탕웨이는 중국어 성어 '권불이수 곡불이구(拳不离手 曲不离口)'를 말했다. 권법은 손을 떠나지 않고, 노래는 입을 떠나지 않는다. 곧, 언제 어디서나 멈추지 않고 연습하라는 뜻이다. 뉴스 자막에는 이렇게 번역되어 있었다.

"노력에는 지름길이 없으니까요."

맞다. 노력에는 지름길이 없다. 결국 가장 확실한 방법은 지금 이 자리에서 묵묵히 연습하고 또 연습하는 것이다. 하루 이틀의 수련으로 눈에 띄는 변화는 없다. 하지만 그 미미한 하루들이 쌓여, 어느 날 발등이 매트에 닿는 순간을 만들어낸다. 쉽고 빠른 길은 없다. 가장 빠른 길은 언제나 바른길이다.

4. 'YES'의 힘

우카타아사나
:의자 자세

〰️

1. 두 발을 모으고 똑바로 선다. 발뒤꿈치나 발바닥 혹은 발의 안쪽이나 바깥쪽, 어느 한 군데가 아닌 발 전체에 고르게 체중을 싣고 척추를 위로 쭉 뻗는다.

2. 팔을 머리 위로 쭉 뻗는다. 숨을 내쉬며 무릎과 고관절을 접어 의자에 앉듯 하체를 낮춘다.

3. 가능한 허벅지가 바닥과 평행이 되도록 한다. 상체를 앞으로 숙이지 말고 등을 최대한 바로 세워 호흡한다.

오리 엉덩이가 되면서 등이 오목하게 들어가지 않도록 꼬리뼈를 아래로 말아 내린다. 척추가 과하게 휘지 않도록 등을 바르게 펴야 한다. 무릎이 발끝보다 앞으로 나가게 되면 무릎에 무게 중심이 실리게 되어 무릎 관절에 손상을 줄 수 있으니 주의한다. 발뒤꿈치에 체중을 싣는 느낌으로 발 전체에 힘을 주어 바닥을 강하게 밀어낸다.

의자에 앉는 모습과 비슷하다고 해서 의자자세로 불리는 우카타아사나다. 요가 스타일이나 지도하시는 선생님에 따라 조금씩 다를 수 있지만, 일반적으로 무릎 관절의 보호를 위해 무릎이 발가락 끝보다 더 나가지 않도록 배운다. 하지만 초보자의 경우 엉덩이를 더 아래로 낮춰야 한다는 생각 때문에 무릎을 많이 굽히기가 십상이다. 무릎을 굽히면 자연히 발목도 그만큼 굽혀진다. 다행히 나는 굽혀지지 않는 발목 덕에 무릎을 과하게 굽힐 수가 없었다. 웃어야 할지 울어야 할지. 책상 의자에 앉듯 서야 하는데 와인 바의 높은 의자에 엉거주춤 엉덩이만 걸친 꼴로 설 수밖에 없었다. 그럼에도 온 발바닥으로 바닥을 밀어내는 힘을 주고 있으려니 발목이 뻐근해져 왔다. 무언가 발목을 짓누르는 것 같은 느낌과 함께, 굽힐 수 없는 통나무를 굽히려 할 때 오는 뻣뻣한 저항감이 느껴졌다. 자세를 유지하기가 점점 힘들어져 갔다. 발목에서 시작된 부들거림이 점점 굽힌 무릎, 뒤로 나가 있는 엉덩이, 반쯤 숙인 상체까지 차례차례 퍼져 나가 온몸이 흔들리기 시작했다. 온몸을 부들거리면서도 끝까지 버티고 있는 내게 선생님이 오셔서 손끝을 잡아주었다. 선생님의 응원이 손끝으로부터 흘러들어왔다.

"YES, 잘하고 있어요. 조금만 더 버텨봐요." 그것만으로도 몸의 중심이 다시 가라앉으며 편안해졌다. 선생님의 말 한마디에 흔들리는 중심을 찾을 수 있었다. 한 번 더 숨을 들이쉴 수 있었고, 한 번 더 숨을 내쉴 수 있었다. 덕분에 우카타아사나를 오롯이 버텨냈다. 마치 끝나지 않을 것처럼 느껴졌던 긴 시간이었지만 실은 몇 번의 호흡밖에 되지 않는, 짧디짧은 시간이었다. 그 짧은 시간만으로도 온몸에 땀이 흘렀다. 흘린 땀만큼 선생님에 대한 믿음과 고마움, 나 자신에 대한 뿌듯함도 함께 흘렀다.

'YES'라는 말에 깃든 긍정적 에너지는 받는 사람에게 무엇보다 큰 힘이 된다. 혼자가 아니라는 것, 나를 지지해주는 사람이 있다는 것, 내가 넘어지려 할 때 안전하게 잡아줄 사람이 있다는 것은 이루 말할 수 없이 든든한 산이 된다. "힘든 순간에 필요한 것은 부정이 아니라 인정이다. 아픈 사람의 고통은 치료될 수 있든 없든 인정되어야 한다." 의료사회학자 아서 프랭크가 한 말이다.º 전적으로 동의한다. 어떠한 미사여구보다 담백한 인정의 한 마디가 용기를 북돋아 주는 최고의 한 마디가 된다.

선생님의 "YES!"

흔들리는 나를 'No!'라고 잘못됐다고 말하지 않고 그대로 인정해 주는 말이었다. 흔들림에도 무너지지 않고 끝까지 버티고 싶은 내 마음을 알아보고 응원해 주는 말이었다. 선생님께서 "Yes, 할 수 있어요. 그대로 조금만 더 버텨봐요."라고 말하는 대신 "그렇게 하지 말라, 자세가 잘못됐다."라고 말씀하셨다면 어땠을까. 분명 그 말을 듣는 순간 나는 무너졌을 것이다. 그 순간 중요한 것은 동작을 잘하고 못하고가 아니었다. 중요한 것은 버티고 싶다는 나의 의지, 그 의지를 알아주는 누군가의 마음이었다. 선생님이 내게 주신 것은 그 마음이었다. 힘든 거 안다, 아픈 거 안다는 공감이었다. 그럼에도 버티고 싶은 거 안다, 버티려 노력하는 거 안다, 잘하고 있다는 응원이었다. 공감과 응원은 상대를 판단하지 않고 있는 그대로 인정할 때만 나올 수 있는 마음이다.

상대방이 힘듦을 표현할 때 공감해주고 인정해 주는 것이 진정한 긍정이라고 한다. 안 될 수도 있다는, 그렇지만 그것 또한 최선임을 인정하는 공감의 긍정이야말로 진짜 긍정인 것이다. 상황을 무시하고 무조건 하면 된다는 식의 강압적 긍정은 가짜 긍정이다. 진정한 긍정의 정서가 유발될 때 우리의 뇌는 감정을 인지하고 조절하는 능력이 더욱 활성화된다. 자신이 하고자 하는 일을 가로막는 부정적인 생각들을 억제하기 쉬워진다. 'YES!'라고 하는 순간 우리 마음에는 내가 원하는 결과를 얻을 수 있으리라는 용기가 일어난다. 된다는 생각으로 행동하게 된다. 집중력이나 주의력을 끌어올려서 하고자 하는 일에 자기 에너지를 집중적으로 쏟아붓게 된다. 따뜻한 햇볕에 봄눈 녹듯 나를 가로막는 장애물들과 부정적인 생각이 녹아내리고 대신 새싹이 돋듯 용기와 기지가 솟아난다. 'YES'는 내가 원하는 방향을 향해 씩씩하게 한 걸음 더 나아가게 한다.

인도 신화 라마나야에 재밌는 이야기가 있다. 마왕 라바나가 라마왕의 아름다운 아내 시타 왕비를 납치해 자신의 성으로 데려갔다. 라마왕은 자신의 충직한 신하이자 영웅인 원숭이왕 하누만을 보낸다. 라마왕의 명을 받고 시타 왕비를 구하러 라바나의 성으로 간 하누만은 라바나와 대면하게 된다. 라바나는 자신의 야심만큼 높은 보좌에 앉아 거만하게 하누만을 내려다보았다. 자신보다 높은 위치에서 자신을 내려다보는 라바나를 제압

하기 위해 하누만은 자신의 꼬리를 쭉쭉 늘리고 돌돌 말아서 라바나의 왕좌보다 더 높이 앉았다(긴 이야기이니, 이하생략. 결론은 전투에서 큰 활약을 펼친 하누만 덕에 무사히 마왕을 퇴치하고 여왕을 구한다).

하누만은 불리한 상황에서 용기와 기지를 발휘해 자산의 강한 내면과 의지를 보여주었다. 이 상황에서 하누만의 마음가짐은 어땠을까. 자신보다 뛰어난 마왕 앞에서도 당당하게 'YES, I can do it!'을 외치며 긍정적인 자세로 몸과 마음을 무장하진 않았을까.

지금, 흔들리고 있는 내 옆 사람에게 'YES'라고 말해주자. 내 선생님이 해주셨던 것처럼. 그리고 먼저, 내가 나에게 'YES'라고 말해주자. 적진에서 홀로 마왕과 당당히 마주했던 하누만이 그랬던 것처럼.

○ 참고문헌: 『내 몸을 읽고 쓰는 힘 몸해력』 p151. 디아. 더 퀘스트

5. 여전히 잘 안될 수도 있다

타다아사나
:산자세

1. 두 발을 모으고 똑바로 선다. 양 발뒤꿈치, 엄지발가락이 서로 맞닿아야 한다. 모든 발가락은 가지런히 쭉 뻗는다.

2. 엉덩이를 수축시키고 허벅지 근육을 위로 당겨 무릎의 종지뼈를 위로 당긴다.

3. 가슴은 활짝 열어 앞으로 향하게 유지하고 쇄골을 편다. 척추를 위로 쭉 뻗고 목을 똑바로 편다.

4. 팔은 허벅지 옆에 두고 손바닥이 몸쪽을 향하게 한다.

5. 가만히 한 곳을 응시하거나 눈을 감고 호흡하며 몸의 감각에 집중한다.

발뒤꿈치나 발가락 혹은 발날 어느 한쪽에 체중을 싣지 말고, 양쪽 발에 고르게 체중을 싣는다.

단다아사나
:막대기 자세

1. 다리를 정면으로 곧게 펴서 모아 앞으로 쭉 뻗어 앉는다.

2. 손바닥을 엉덩이 옆에 놓고 손가락은 발을 향하게 한다.

3. 척추가 길게 늘어나는 느낌으로 등을 바로 세운다. 양쪽 엉덩이가 균형 있게 바닥에 닿아 체중이 골고루 실려야 한다.

4. 발을 몸쪽으로 당긴다. 새끼발가락 쪽까지 당겨져 발등이 평평해야 한다. 발끝만 당기는 게 아니라 발목을 이용해 발 전체를 당긴다.

복부를 수축시켜 상체를 유지하지 않으면 허리 힘으로만 버티게 되어 허리가 아프게 된다. 허리가 너무 아프다면 엉덩이 밑에 담요나 방석을 깔아 엉덩이를 조금 높여 주면 된다. 허리와 등을 구부리지 않도록 주의를 기울인다.

아도무카스바나아사나
:다운 독 자세

1. 어깨 밑에 손목, 골반 밑에 무릎이 위치하도록 테이블 자세를 만든다.

2. 발가락을 세우고 숨을 내쉬며 무릎을 펴서 다리를 쭉 뻗는다. 발뒤꿈치로 바닥을 누른다. 발뒤꿈치와 발바닥 전체가 바닥에 닿도록 한다.

3. 손바닥으로 바닥을 밀어내며 팔을 길게 뻗어 상체를 뒤쪽으로 보낸다.

4. 등을 쭉 편다. 복부를 수축해서 힘을 준다. 엉덩이를

하늘로 뻗는다.

바닥과 팔과 등, 골반에서 발뒤꿈치까지 전체적인 모양이 삼각형이 된다. 각 변이 모두 쭉쭉 펴져야 한다. 손목에 체중을 실으면 손목이 아프다. 손바닥으로 바닥을 밀어내는 힘을 줘야 손목 부상을 방지할 수 있다. 체중이 어깨에 실리면 어깨가 시원해지기는커녕 짓눌릴 수 있다. 몸의 중심을 뒤쪽으로 밀어내는 힘을 유지한다. 다리를 다 펼 수 없어서 등이 둥그렇게 말린다면 무릎을 살짝 굽혀 등을 편다. 허벅지 뒷근육이 당겨서 다리를 펼 수 없으면 발뒤꿈치를 살짝 들고 무릎을 살짝 굽힌다.

요가를 배우며 가장 먼저 마주하게 되는 자세가 있다. 모든 선 자세의 기본이 되는 타다아사나, 앉은 자세의 출발점인 단다아사나, 그리고 대부분의 자세를 연결할 때 빠지지 않는 아도무카스바나아사나다.

타다아사나의 '타다(Tada)'는 산을 의미한다. 사마스티티라고도 하는데, 사마(Sama)는 곧고 똑바로 선, 스티티(Stiti)는 고요하고 견고하게 서 있는 것을 뜻한다. 단순히 서 있는 것 같지만, 산처럼 고요하고 견고하게 서기란 생각보다 어렵다. 처음 수업 시간, 그저 똑바로 서 있는 것만으로도 발목이 시큰거렸고, 왼발과 오른발에 균등하게 체중을 실을 수 없어 온몸이 휘청거렸다. 호흡은 자꾸 흐트러지고, 온몸이 미세하게 흔들렸다. 집중이 흐트러지면 그 불균형은 바로 나타났다. 그제야 알았다. 바로 선다는 것은 단순히 중심을 잡는 것이 아니라, 몸과 마음을 한곳에 모아야 가능한 일이라는 것을. 내 시선, 내 호흡, 내 발끝에서부터 발목, 무릎, 골반, 복부, 등, 어깨, 손끝, 목까지 몸 구석구석의 감각에 집중해야만 비로소 산처럼 고요하고 견고하게 설 수 있었다.

단다아사나는 또 다른 도전이었다. 땅에 꽂아 놓은 막대기처럼 허리를 곧게 세우고 다리를 펴서 꼿꼿하게 앉아야 했다. 발등을 몸쪽으로 당기자면 발목이 뻐근하고 둔탁하게 아팠다. 처음에는 몇 초 버티기도 어려웠고, 다리를 조금이라도 오래 펴려 하면 허벅지 뒤쪽과 종아리가 긴장했다. 남들만큼 오래 유지하지는 못했지만, 할 수 있는 만큼 버텼다. 비라아사나(1-3 영웅 자세)처럼 조금씩, 아주 조금씩 몸은 변했다. 발목과 무릎, 골반이 서서히 부드러워졌고, 앉은 자세에서 느껴지는 불편감도 점차 잦아들었다. 호흡이 깊어지고, 허리와 복부에 힘이 더해지며 허리를 세워 앉는 것이 한결 편안해졌다.

아도무카스바나아사나는 조금 더 많은 힘과 세심한 주의가 필요했다. 발뒤꿈치를 바닥에 붙여 다리를 쭉 뻗고, 어깨와 등 근육을 펴야 한다. 발목과 다리, 허벅지, 복부, 등까지 전신의 근육을 써야 한다. 피로 해소, 원기 회복, 복부와 발목 강화, 어깨를 시원하고 부드럽게 해주며 어깨 관절통을 완화하는 등 여러 효과가 있어 현대인에게 특히 유익하지만, 내 몸은 자주 따라주지 않았다. 처음에는 발뒤꿈치가 바닥에 닿지 않았다. 뒤꿈치를 내리려 할수록 햄스트링이 찢어질 듯 아팠고, 발목은 뻐근하게 시큰거렸다. 그러나 어느 순간, 발뒤꿈치로 바닥을 꾹 눌렀을 때 느껴지는 강렬한 안정감은 아직도 생생하다. 과장을 조금 보태자면, 콜럼버스가 신대륙에 첫발을 내디뎠을 때, 닐 암스트롱이 달에 첫발을 디뎠을 때 느낀 감격과 비슷했다.

이 세 가지 자세는 요가 수업에서 가장 많이 마주하게 되는 동작이다. 하지만 지금도 잘 안될 때가 있다. 세심한 주의를 기울이지 않으면, 타다아사나에서는 몸의 중심이 이 발 저 발 옮겨 다니고, 단다아사나에서는 골반이 살짝 뒤로 넘어가며 상체가 구부정하게 쳐진다. 아도무카스바나아사나에서는 발뒤꿈치가 바닥에서 뜨기도 한다. 몸이 굳었거나 피로한 날이면 작은 불균형도 더 뚜렷하게 느껴진다.

그럼에도 자신을 다그치지 않는다. 조급해하지 않는다. 지금 당장 조금 안 된다고 안달하지 않는다. 수년에 걸친 지난 시간을 떠올리면, '오늘 조금 못한다고 해서 무엇이 크게 달라질까' 싶다. 잘 안될 때는 잘 안되는 채로, 오늘 할 수 있는 만큼만 한다. 대신 발끝에서 손끝까지 몸 구석구석을 느끼는 데 더 많이 집중한다. 수련 중 크고 작은 부상을 겪고 난 지금, 그것이 내 몸을 보살피고 존중하는 방법이라는 것을 깨달았기 때문이다.

6. 마음 편히 외출할 수 있게 되었다

가루다아사나
:독수리 자세

1. 타다아사나로 선 후, 왼쪽 무릎을 구부린다.

2. 오른쪽 다리를 들어 허벅지 뒷면을 왼쪽 허벅지 위에 놓는다. 오른발을 왼쪽 종아리 뒤로 돌려 오른쪽 정강이가 왼쪽 종아리에 닿도록 한다. 오른쪽 엄지발가락을 왼쪽 발목 바로 위에 건다. 오른쪽 다리가 왼쪽 다리를 휘감고 있다.

3. 가슴 앞에서 양 팔꿈치를 구부린다. 구부린 채로 오른팔을 아래, 왼팔을 위로 가게 놓고 팔을 꼬아 손바닥이 맞닿게 한다. 오른팔이 왼팔을 감고 있게 된다.

4. 몇 번 호흡 후 타다아사나로 돌아온다.

상체는 세우고 골반이 틀어지지 않도록 주의한다. 양어깨가 일직선이 되게 한다. 위로 올라간 다리와 같은 쪽의 팔이 아래로 온다.

발목을 발달시키는 가루다 아사나다. 가루다(Garuda)는 새 중의 왕이며 힌두교 3대 신 중 하나인 비슈누 신이 타고 다니는 새다. 흰 얼굴, 굽은 부리, 붉은 날개, 금빛 몸체를 가지고 있다고 한다. 독수리를 뜻하기도 한다. '독수리' 하면 최대 3미터에 달하는 두 날개를 활짝 펴 상공을 힘차게 가로지르는 모습이 떠오른다. 하지만, 이 가루다아사나는 오히려 사지를 결박한 모습이다. 마치 독수리가 더 높이 날아오르기 위해 힘을 집중한 채 웅크리고 있는 모습 같다. 아사나를 하는 동안 이면 고도의 집중력과 함께 독수리의 날카로운 카리스마가 온몸을 휘감는 것 같다. 자세를 풀고 나올 때면 묶여 있던 사지가 풀리며 깊이 응축된 힘이 폭발하는 듯한 강렬한 해방감 또한 느낄 수 있다.

5월에 요가를 시작하고 얼마나 지났을까. 남들만큼 편안하진 않지만, 드디어 어디서든, 어떤 형식의 화장실이든 갈 수 있게 되었다. 여전히 약간의 통증과 뻐근함과 덜 굽혀지는 발목으로 인해 조금은 높이 엉덩이를 들고 있어야 했지만 적어도 화장실에 대한 큰 걱정 없이 갈 수 있게 되었다. 그때 찾아온 자유로움이란 신체적, 물리적 자유로움을 넘어서는 것 이상이었다. 마음에 자유로움이 깃들었다. 겨우내 두려움에 얼어붙어 있었던 마음이, 화사하게 만개하는 꽃들 사이에서도 웅크리고 있었던 마음이, 꽃봉오리가 벌어지듯 조금씩 기지개를 켰다. 비록 꽃봉오리는커녕 점점 바람이 매서워지는 계절이었으나 마음속에서는 아른아른 아지랑이가 피어올랐다.

 행복해서 웃는 게 아니라, 웃으면 행복해진다는 말. 누구나 한 번쯤 들어보고 겪어보았을 것이다. 마음이라고 느끼는 감정은 실제로는 몸의 반응으로부터 촉발되는 경우가 많다. 흔히들 마음에 드는 상대가 있을 때 레이저태그 스포츠 같은 서바이벌 게임을 즐기며 데이트를 하라고 한다. 특수한 레이저 총과 수신기를 착용하고 상대를 맞추면 아웃되는 서바이벌 게임은 가상 전투의 스릴을 만끽할 수 있다. 이때 긴장으로 심장이 뛰는 것을 뇌가 상대에 대한 설렘으로 해석하기 때문에 데이트 성공률을 높일 수 있다는 것이다. 이런저런 문제들로 머릿속이 복잡할 때 집 안 청소를 하는 것도 비슷한 예다. 잡다한 쓰레기를 버리고 환기를 하면 공간에 여유가 생기고 맑은 공기가 집 안 가득 채워진다. 그 과정에서 마치 머릿속이 청소되듯 얽혀있던 문제들이 정리되고 생각의 질서가 잡힌다. 이러한 몸과 마음의 연동은 비단 일상에서 뿐만이 아니다. 치료 현장에서도 적용된다. 일례로 불안장애를 겪는 환자에게 심장을 느리고 살살 뛰게 하는 베타차단제 계열의 심장약을 기본적으로 처방한다고 한다. 심박을 통제해서 불안을 잠재우는 것이다.° 몸이 움직이면 마음도 따라 움직인다.

나 역시 마찬가지였다. 굳어 있던 발목이 조금씩 움직일 수 있는 범위를 넓혀가자, 마음도 조금씩 넓어지는 듯했다. 여기서 멈추고 싶지 않았다. 더 나아지고 싶었다. 더 멀리 가고 싶었다. 독수리가 기류를 타고 상공에 유유히 떠 있는 것처럼 자유로움을 꿈꾸게 되었다. 오랫동안 가고 싶었던 곳이 있었다. 다녀온 지인이 아이들과 가기 좋으니 한번 가보라고 추천해 준 곳이었다. 만리장성의 동쪽 끝, 산해관(山海關) 노룡두(老龍頭)다. 연암 박지원이 『열하일기』에서 드디어 중원에 도착했다며 감격한 곳이 바로 산해관이다. 『열하일기』를 보고 연암의 여정을 따라 여행하는 꿈을 꾼 적이 있었다. 알아보니 산해관이 있는 하북성 천황도에는 꽤 넓은 사파리 동물원도 있었다. 북경에서는 고속철로 2시간 정도로 부지런히 움직인다면 하루 만에도 다녀올 수 있는 곳이다. 하지만 북경과는 한참 떨어진 중국의 동북부에 살고 있는 나에게 당일치기 여행은 무리였다. 당시 둘째는 세 살이었다. 그리고 한 가지, 더 큰 문제가 있었다. 많이 걸어야 한다고 했다. 에너지 넘치는 세 살짜리 아이보다 내 발목이 더 문제였다. 아이들이 조금 더 크고, 내가 하루 종일 걸어도 아무렇지 않을 정도가 되면 1박 2일로 여행을 가자, 마음속에 품었었다.

 마침내, 기약 없이 미루었던 여행을 꿈꾸기 시작했다. 그로부터 다시 몇 년 뒤, 2023년 4월, 드디어 그 여행을 다녀왔다. 노룡두의 팔괘진 미로에서 빠져나오지 못하는 엄마를 구출해 낼 만큼 훌쩍 큰 둘째 아이와 한낮의 햇빛 아래 바다 위에서 반짝이는 윤슬보다 더 찬란한 웃음을 짓던 큰 아이와 함께한 시간이었다.

 만약, 그 지난한 수련이 없었더라면 과연 나는 자유를 꿈꿀 수 있었을까. 한없이 웅크러 있던 그 시간이 없었다면 이 자유를 그토록 감사히 여길 수 있었을까. 지금도 오른쪽 발목은 왼쪽만큼 접히지 않는다. 여전히 가끔 발목이 뻐근하고 시리다. 아마 오른쪽 발목은 지금보다 더 나아지진 않을 것이다. 하지만 이 제약이 나를 더 이상 묶어둘 수 있을 만큼 크지 않다는 것을 안다. 무언가 간절히 원하는 것이 있다면 시간과 노력을 들여 조금씩 쌓아나가면 된다. 날개를 펼치기에 알맞은 바람이 불 때까지 기다리며 힘을 기르면 된다는 것을 안다. 시계의 분침과 초침처럼 몸과 마음이 같은 방향으로 나아갈 때 비로소 진정한 자유를 만끽할 수 있다는 사실, 가루다 아사나가 내게 준 교훈이다.

○ 참고문헌: 『내면소통』 p427. 김주환. 인플루엔셜

도전은 필요하지만,
욕심은 화를 부릅니다

1. 요가하기 좋은 몸, 나쁜 몸

뻣뻣해서 요가를 못 해, 허리가, 어깨가 안 좋아서 못 해, 유연성이 없어서 요가를 못 해. 요가를 못하는 이유는 요가 하지 않는 사람의 수만큼 많다. 그중 가장 대표적인 것이 '나는 뻣뻣해서, 유연하지 못해서'일 것이다. 인요가의 창시자 버니 클락은 그런 이들에게 말한다. 그러니까 당신이 요가를 해야 한다고. 유연해서 요가 하는 게 아니라 유연하지 못하기 때문에 요가를 해야 한다고 말한다.

당연히, 사람마다 타고난 골격이 다르고 부상, 노화 등의 원인 으로 인해 신체 조건도 다르다. 타고난 골격과 신체 조건에 따라 누구는 어렵게 느끼지만, 누구는 쉽게 느끼는 아사나들도 있다. 불리한 조건만 있는 게 아니다. 유리한 조건도 있다. 엉덩뼈를 보면 미라의 성별을 판별할 수 있다고 한다. 여성의 골반이 남성의 골반보다 더 넓고 낮다. 덕분에 대체적으로 여성이 남성보다 엉덩이만 바닥에 붙이고 다리와 팔을 들어 몸을 V자처럼 만드는 나바아사나(보트 자세)를 안정적으로 할 수 있다. 반대로 상체 근력이 더 요구되는 아사나들의 경우 남성이 여성보다 유리할 수 있다. 골반과 대퇴골의 머리가 이루는 고관절의 각도 역시 모두 다르다. 양다리를 옆으로 활짝 찢을 수 있는 사람이 있고, 아무리 노력해도 180도까지 찢지 못하는 사람도 있을 수 있다. 각자의 이유로 개개인이 도달할 수 있는 지점이 다를 수 있다. 그러나 그것이 요가를 못 할 이유는 아니다.

 태어나면서부터 뻣뻣한 사람은 없다. 아기들은 자기 발을 입에 넣기도 한다. 아이들은 비라아사나(영웅좌)로 앉아 소꿉놀이를 한다. 허리를 뒤로 넘기는 후굴도 훨씬 부드럽게 해낸다. 하지만 커가면서 점점 몸이 굳어간다. 관건은 그동안 내가 쌓아온 시간이다. 다리를 꼬고 앉아 지낸 시간, 의자에 아무렇게나 등을 기대고 앉았던 시간, 소파에 누워 핸드폰을 들여다보던 시간들이 하나씩 하나씩 내 몸 위에 쌓여 있다. 그 시간들이 나의 골반을 틀어지게 했고, 척추를 휘게 했으며, 굽은 어깨와 거북목을 만들었다. 내 몸은 내가 살아온 시간을 증명한다. 내 몸에 쌓여 있는 나의 생활 습관이 내 동작의 깊이를 만들어 낸다.

누구는 오른 팔꿈치는 머리 위로, 왼 팔꿈치는 아래로 해서 양손을 등 뒤에서 맞잡는 고무카아사나(소머리 자세)가 잘되고, 누구는 어깨가 굳어서 등 뒤로 손을 돌리기도 힘들다. 누구는 상체를 숙여 이마가 정강이에 닿게 하는 우타나아사나(선 전굴 자세)가 잘되고, 누구는 상체를 뒤로 젖히는 우스트라아사나(낙타 자세)가 잘된다. 비교할 필요가 없다. 각자가 쌓아온 시간이 다르기에. 그저 내가 살아온 시간을 담담히 인정하면 된다. 지금 상태에서, 지금 내가 할 수 있는 만큼 하면 된다. 옆자리 사람의 이마와 정강이가 닿았다고 해서 나 또한 닿아야 하는 것이 아니다.

어제는 개인 수업을 한창 받고 있는데 요가원에 누가 찾아왔다. 상담하러 온 듯했다. 수업 중이었기에 그분은 기다리면서 내가 수련하는 걸 지켜보았다. 수업이 끝나고 상담을 받던 중 그분이 나를 가리키며 저분은 요가 한 지 얼마나 되었냐고 물었다. 선생님 대답이 압권이었다. "나랑 8년 좀 넘었는데 처음엔 안 저랬어요. 몸이 썩어빠진 나무 통나무 같았지." 그리고는 나를 보며 확인 사살, "맞지?" 하하하. 마냥 웃을 수만도 없는 건 내가 그 말을 부정할 수 없었다는 사실이다. 펴지지도, 굽혀지지도 않는 발목도 문제였지만 그것 말고도 몸 자체가 유연성이라고는 찾아볼 수 없는 딱딱한 몸이었다. 그랬다. 그리고 여전히 뻣뻣하다. '이었다'의 과거형이 아니라 '이다'의 현재형 맞다. 심지어 날이 궂으면 할머니처럼 무릎이 쑤셔 한의원에 침 맞으러 간다. 일기예보보다 정확한 무릎이라고 식구들이 말한다. 대학생 때 무릎을 크게 다친 후 후유증이 남았다. 요가 하며 무릎 주변 근육이 강화되어 많이 좋아졌지만, 완전히 이전 상태로는 돌아가지 못했다. 일상적인 활동에 크게 무리는 없지만 운동할 때는 늘 신경을 써야 하는 발목과 무릎 외에도 어깨 부상, 엉덩이 근육 부상 등의 후유증이 몸에 고스란히 남아있다. 요가 하기에 썩 좋은 몸은 아니다. 유연성은 부족하지만 그럼에도 아사나 수련을 잘 해내고 있는 것은 앞에서 말했듯, 지금 내 상태를 알고, 내 몸을 어떻게 움직여야 하는지 의도적인 주의를 잘 기울이는 덕분이다.

몸을 잘 움직인다는 것은 관절의 유연함과 근육의 탄성과는 또 다른 문제다. 선과 선이 만나 2차원의 평면 도형을 만드는 것이 아니라, 3차원의 입체 도형을 구현하는 것과 비슷하다. 분명 관절이 유연하고 근육의 탄성이 좋으면 좀 더 쉽게 동작을 따라 할 수 있다. 하지만 그게 전부는 아니다. 선생님이 짜 놓은 시퀀스를 아무 생각 없이 따라가면 안 된다. 이 자세에서 요구하는 부분이 무엇인지 이해하고 깨달아야 한다. 이 자세에서 내가 의도적인 주의를 기울여야 하는 부분이 어디인지 스스로 생각해야 한다. 나의 몸 어느 부분에서 어떤 감각이 느껴지는지 세심히 관찰해야 한다. 예를 들면, 상체를 뒤로 넘기는 후굴 자세에서 주의를 기울여야 하는 것은 허리를 얼마나 뒤로 젖히느냐가 아니다. 그보다 가슴을 확장하고 몸의 앞면을 늘이는 데 집중해야 한다. 꼬리뼈를 말아 내리고 치골을 끌어 올린다는 선생님의 지시에 내 몸의 근육이 어떻게 움직이는지 예민하게 관찰해야 한다. 그 움직임이 만들어 내는 감각을 섬세하게 느껴야 한다. 단순히 아픈지 아프지 않은지를 느끼는 것에서 그치면 안 된다. 아프다고 바로 자세를 포기하는 것이 아니라 어떤 아픔인지 살펴야 한다. 굳었던 몸이 깨어나는 아픔인지 부상의 신호인지 기민하게 판단해야 한다. 호흡에 따라 몸속의 공간이 어떻게 변화하는지, 어떤 근육이 긴장하고 수축하는지 느껴야 한다.

 요가 수련은 자세의 완성을 목표로 하지 않는다. 내가 지금 이 순간, 어디에서 머무를 수 있는지 아는 것이 목표다. 나의 호흡이 가장 깊어지는 곳을 찾아 그곳에서 내 몸과 마음을 바라보는 것이다. 어디에 어떤 자극이 오는지 어떤 감정이 드는지 관찰하는 것이다. 우리는 곡예를 하기 위해서 요가를 하는 것이 아니다. 각자의 시간이 쌓여 만들어 낸 틀어진 몸을 바로잡고 건강해지기 위해서 요가 한다. 처음부터 요가 할 수 있는 몸, 없는 몸이 따로 있지 않다. 무엇보다 요가는 잘하고 못하고, 그렇게 남과 비교하는 경쟁 스포츠가 아니다. 오롯이 자신에게 집중하는 것이 요가다.

 요가 지도자 마이뜨리 서희원 님은 여러 요가 수업을 병행하신다. 일반인 수업, 워크숍, 지도자 과정까지 다 가르치신다. 그런데 정작 본인은 일상생활이 불가능할 정도로 몸이 아프시다고 한다. '강직척추염'을 앓고 계신단다. 군대에 가지 않아도 되는 선천적 희귀질환이란다. 강직척추염은 척추에 염증이 발생하여 점차 척추 마디가 굳어지는 만성적인 척추관절병이라고 한다. 염증이 온몸의 혈액을 타고 돌며 몸의 가장 약한 부분 관절을 공격해 퍼져 나간단다. 척추가 굳고 온몸의 관절에 염증이라니…… 상상만으로도 그 고통을 가늠할 수 없다. 신경을 따라 통증이 퍼지는 대상포진에 비견할 수 있을까. 대상포진의 통증은 분만의 고통에 맞먹는다고 하는데, 그런 아픔이 수시로 느껴진다면… 생각하고 싶지 않다. 서희원 님이 병명을 안 것은 한창 요가 수련을 할 때였다고 한다. 요가를 할 수 없는 몸이었지만 요가를 그만두고 싶지 않으셨다고. 오히려 그 몸 상태로 가장 잘할 수 있는 하타요가에 더 매진하셨단다.º 결과 현재 대부분의 고난도 아사나도 다 수행하시며 요가를 가르치신다. 유튜브에서 서희원 님이 요가 하시는 모습을 보았다. 그런 병을 앓고 계신다는 걸 믿을 수가 없었다.

 몸이 뻣뻣해서 할 수 없다고? 아파서 할 수 없다고? 다쳐서 후유증으로 할 수 없다고?

 누구나 요가를 할 수 있다. 나도, 당신도.

º 참고문헌: 『마이뜨리, 생에 한 번쯤은 요가』, 마이뜨리, 디 이니서티브

2. 해 보지 않고서는 모른다

마리챠아사나 A

마리챠아사나 B

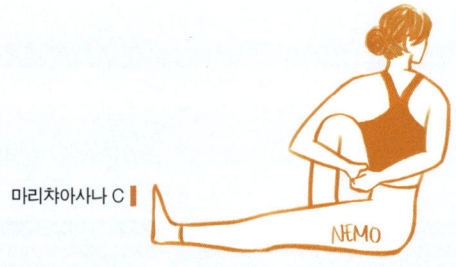
마리챠아사나 C

마리챠아사나 C

1. 자리에 편안하게 앉아 두 다리를 앞으로 뻗는다.

2. 오른 무릎을 구부려 세워 오른발 뒤꿈치를 회음부 가까이에 둔다. 오른발의 안쪽 발날이 왼쪽 허벅지 안쪽에 닿도록 한다. 오른쪽 정강이와 허벅지가 서로 맞닿는다.

3. 숨을 내쉬며 상체를 오른쪽으로 돌려 왼쪽 가슴이 굽힌 오른쪽 허벅지에 닿도록 하고, 왼쪽 겨드랑이를 오른쪽 무릎 바깥쪽에 둔 후, 왼팔을 쭉 뻗는다. 오른손은 엉덩이 뒤쪽에 놓는다.

4. 숨을 내쉬며 왼 손바닥을 뒤쪽으로 향하게 돌리고, 왼팔 팔꿈치를 구부려 오른 무릎을 감싸 돌아 왼 손목이 허리 뒤에 오도록 한다.

5. 숨을 깊게 내쉬고 오른팔을 등 뒤로 돌린다. 등 뒤에서 양손을 맞잡는다.

6. 들이쉬는 호흡에 척추를 늘리고 내쉬는 호흡에 복부를 수축하며 조금 더 깊이 비틀어 준다.

7. 오른쪽으로 조금 더 비틀어 오른쪽 어깨너머를 보며 자세를 잠시 유지하고 호흡한다.

8. 숨을 내쉬며 등에서 손을 풀고, 몸을 정면으로 돌린다. 구부린 다리를 편다.

9. 반대편도 동일하게 한다.

왼팔이 굽힌 오른쪽 무릎을 단단히 죄고, 왼쪽 겨드랑이와 오른 무릎 사이에 틈이 없어야 한다. 다리를 굽힌 쪽의 엉덩이가 바닥에 뜨지 않도록 지그시 바닥으로 눌러준다. 손을 등 뒤에서 맞잡음으로써 가슴을 더 펴낸다. 뻗은 다리가 바닥에서 뜨거나 구부러지지 않게 주의한다.

요가 아사나에는 인간이 할 수 있는 대부분의 움직임이 포함되어 있다고 해도 과언이 아니다. 앉아서 하는 자세, 서서 하는 자세, 엎드려서 하는 자세, 누워서 하는 자세, 머리와 발의 위치가 바뀌는 역자세, 앞으로 숙이는 자세, 뒤로 젖히는 자세, 옆으로 숙이는 자세, 비틀기 자세 등등. 그중에는 숙이기처럼 유연성이 더 필요한 자세도 있고, 플랭크 자세처럼 힘이 더 필요한 자세도 있다. 요가에도 이름은 다르지만, 플랭크 자세를 비롯한 맨몸 근력 운동의 동작들과 비슷한 아사나들이 상당히 많이 있다. 유연성이 요가의 전부가 아니라는 뜻이다. 그러니 사람마다 어떤 자세는 힘들 수 있지만, 어떤 자세들은 그렇지 않을 수도 있다. 우리는 의외로 자신의 몸에 대해 잘 모른다. 안 좋은 부분만 알 뿐이다. 좋은 부분에 대해선 당연하게 생각하고 주의를 기울여 본 적이 없으니까. 그러니 해봐야 안다. 해보지 않으면 영원히 두려워만 하게 된다. 나의 가능성을 내가 한계 지어 버리게 된다.

인도 신화의 창조신 브라흐마의 아들인 현인(賢人) 마리치의 이름을 딴 마리챠아사나는 A, B, C, D 네 단계가 있다. A, B는 상체를 앞으로 숙이고, C, D는 몸을 비튼다. 네 자세 모두 세운 무릎을 한쪽 팔로 감싼 후 등 뒤로 돌려 양손을 맞잡는 자세다. 하체와 허리의 유연성도 중요하지만 흉추와 어깨의 유연성, 맞잡는 손의 힘도 중요하다. 순서대로 단계가 높아진다. 특히 C, D 단계에서는 세우는 무릎과 무릎을 감싸 안는 팔이 서로 반대쪽이다. 감싸 안는 쪽의 어깨, 팔, 손목의 활동성이 더 좋아야 한다.

 마리챠아사나 A, B를 하는데 팔을 등 뒤로 돌려 맞잡는 것이 어렵지 않았다. 심지어 손가락을 겨우 맞잡는 것이 아니라 반대편 손목을 잡을 수 있었다. 이때, 내 팔이 길다는 것을 알았다. 평소에 특별히 자각하지 못했던 부분이었다. 내 몸을 나도 잘 모르고 있었구나. 깨달았다. 그동안 아픈 곳, 안 되는 것에만 신경을 썼다. 몸의 어떤 부분이 좋은지, 그래서 무엇이 가능한지, 무엇을 잘할 수 있는지 전혀 모르고 있었다.

 나는 팔이 길고 몸통에 살이 없다. 보통의 동작들에서 부담 없이 어깨를 움직일 수 있다. 그래서 비틀기 자세들을 비교적 쉽게 할 수 있었다. 내 몸을 새롭게 보게 됐다. 항상 굽혀지지 않고 흔들리는 발목 때문에 불안정한 하체만 신경 쓰며 못난 부분을 개선시키는 데만 집중했었다. 유독 떨어지는 수학 성적을 올리기에만 노력하듯이. 하지만 그래서는 제대로 자신에 대해 알 수 없음을 깨달았다. 먼저 자신에 대해 잘 알아야 한다. 자신의 강점이 무엇인지, 단점이 무엇인지 제대로 알아야 강점은 키우고, 단점은 보완할 수 있다. 그 과정이 없다면 긍정적인 자아상을 갖기 힘들다. 자신의 강점은 보지 못하고 못난 부분만 자꾸 떠올리면 어떻게 자신감을 가질 수 있을까.

 2024 파리올림픽이 끝나고 메달을 딴 선수들의 어록이 화제가 되었다. 그중 특히 펜싱 금메달리스트 오상욱 선수의 말이 와 닿았다. "잘한다, 잘한다 하니까 진짜 잘하는 줄 알고 그렇게 잘할 수 있었다." 못하는 것을 보완하는 것도 중요하다. 하지만 더 중요한 것은 자신이 무엇을 잘하는지 알고, 그것을 더 잘할 수 있다고 믿는 것이다. 자신의 강점이 무엇인지 정확하게 알아야 그 강점을 토대로 자신감을 키울 수 있다. 자신감이 충분하면 못하는 것에도 기꺼이 도전하는 용기를 낼 수 있게 된다. 실패에 대한 거부감 없이 한번 해 보지 뭐, 하는 태도를 가질 수 있게 된다. 자신을 믿는 힘, 그 충만한 자신감이 있어야 자신의

한계를 넘을 수 있다.

 한계를 맞닥뜨리면 어떻게 해야 할까. 마리챠아사나 C를 할 때였다. 선생님의 시범에 세운 무릎 바깥쪽으로 반대쪽 어깨를 놓고 팔로 무릎을 감싸고 등 뒤로 돌려서…… 이렇게 하는 거구나, 하며 특별한 점을 못 느꼈다. 시범을 본 후 직접 할 차례였다. 오른쪽 무릎을 왼팔 겨드랑이 밑에 끼우고.… 어? 당황했다. 대체 이 상태에서 어떻게 해야 팔꿈치를 구부릴 수 있는 거지? 이상하다? 분명 선생님은 그냥 팔을 돌려서 등 뒤로 가져가던데. 이런 자세에서 팔이 등 뒤로 돌아가는 게 인간의 골격 구조상 가능한 일이 맞나? 온갖 생각이 들었다. 손이 갈 길을 잃고 허우적대고 있으니 선생님께서 오셔서 잡아주었다. 억지로 팔꿈치를 굽히고 어깨를 자꾸 위로 펴려는 내게 오히려 상체를 더 숙이고 어깨를 더 내리라고 큐잉을 주셨다. 신기하게도 마법처럼 팔이 스르륵 휘면서 등 뒤로 돌아갔다. 등 뒤에서 양손을 맞잡았다. 손이 맞잡아지니 저절로 상체가 펴졌다. 나는 완성된 자세만 생각하며 자꾸 어깨를 펴려 했다. 그게 아니었다. 반대로 상체를 더 숙이고 어깨를 더 내려야 했다. 완성된 자세까지 가기 위해서는 오히려 완성된 자세와 반대로 몸을 움직여야 했다. 이런 모습이니 이렇게 해야만 한다고 생각했다. 고정관념에 사로잡혔던 것이다.

 나는 원래 이래, 저런 건 못해, 나는 이게 맞아, 라는 자신에 대한 편견, 고정관념을 비틀어 보자. 미국의 흑인 여성 인권운동가 안젤라 데이비스가 말했다. "잊지 말라, 벽을 눕히면 다리가 된다." 가로막는 벽이라는 존재를 조금만 비틀어 보면 다른 세계로 건너는 다리가 된다. 가로막는 벽을 돌아가거나 뚫는 방법만 있는 것이 아니다. 다른 사람에게 사다리를 빌려 넘어가도 된다. 항상 어딘가에는 길이 있기 마련이다. 안 될 거야, 못해, 이 벽을 넘어갈 방법은 없어, 하고 바라만 보고 있으면 찾을 수 없다. 관점을 바꾸고 시도하고 부딪혀 가면 마침내 벽 너머로 가는 나만의 방법을 찾아낼 수 있다. 그 유명한 콜럼버스의 달걀도 기존의 생각을 비틀어 깼기에 가능했다. 아사나 수련도 마찬가지다. 조금만 찾아보면 하나의 동일한 아사나에도 접근법이 여러 가지임을 발견하게 된다. 내게 맞는 방법을 찾으면 된다. 일단 해보자. 어쨌든 일단 해 봐야 할 수 있는 건지 아닌 건지, 얼마만큼 할 수 있는 것인지 판단할 수 있다. 나도 알지 못했던 나의 장점이 있을 수 있다. 남들이 어려워하는 동작들을 나는 쉽게 해낼지도 모른다.

3. 일일우일신, 날마다 리즈 갱신

안쟈네야아사나
:초승달 자세

1. 다운독 자세에서 시작한다.

2. 숨을 내쉬며 오른발을 양손 사이로 가져오고, 왼발은 뒤쪽으로 쭉 뻗어 무릎과 정강이, 발등을 바닥에 내려놓는다.

3. 오른쪽 발목과 무릎이 일직선상에 오도록 수직으로 세우고 허벅지와 바닥은 수평이 되게 한다.

4. 숨을 들이쉬면서 상체를 세워 양팔을 들어 손을 머리 위로 뻗는다. 엉덩이, 허벅지, 아랫배에 힘을 주어 척추가

바닥과 직각이 되게 한다. 가슴과 골반은 정면을 향한다.

5. 아랫배부터 가슴까지 쭉 늘려주는 느낌으로 가슴을 확장하여 들어 올린다. 엉덩이, 허벅지에 힘을 주어 하체가 흔들리지 않도록 한다. 오른발과 바닥에 닿은 왼쪽 정강이와 발등을 지그시 바닥으로 누른다.

6. 숨을 내쉬며 골반을 조금 더 아래로 내려본다.

7. 숨을 마시며 천천히 상체를 일으킨다.

8. 아기 자세로 이완한다.

바닥에 내린 무릎이 아플 경우, 담요를 깔면 된다. 세운 무릎과 뒤로 보낸 다리의 골반이 정면을 보도록 주의한다. 안자네야아사나는 로우런지 자세라고도 한다. 로우런지는 보통 상체를 세우고 팔을 하늘로 뻗는 데 반해, 안자네야아사나는 여기서 더 나아가 가슴을 활짝 열어 상체를 뒤로 젖히기도 한다. 오래 앉아 있는 현대인들에게 가슴을 열어주고, 짧아진 장요근(허리와 골반을 거쳐 허벅지를까지 이어지는 근육)을 늘려주어 허리와 골반을 회복시켜주는 데 좋다. 안자네야아사나에서 동작을 조금 더 깊이 연결해 가면 아쉬와산찰라아사나가 된다. 굽힌 앞다리의 각도와 상체의 넘김 정도가 조금 더 깊어진다.

한동안 매일 고전을 한 문장씩 필사했다. 어느 하루, '구일신 일일신 우일신(苟日新 日日新 又日新)'이라는 문장을 만났다. 사서삼경 중 『예기, 대학』 제2장에 나오는 구절이다. 흔히 '일신우일신(日新 又日新)'이라고 줄여 말하기도 한다. 고대 중국 상나라 탕 임금의 세숫대야에 새겨진 문장이라 한다. '진실로 하루가 새로워지려면, 나날이 새롭게 하고, 또 날로 새롭게 하라'는 뜻이다. 새롭다는 것은 나아감, 발전, 진보, 변화를 의미한다. 일일신, 매일 매일 새롭게 하고, 우일신, 또 새롭게 하는 것. 달리 말하면 매일 변화하고 그에 그치지 말고 다시 더 새롭게 나아가라는 의미다. 필사한 고전의 문장을 신랑에게 이야기했더니 대뜸 그런다. "날마다 리즈 갱신?" 아하하. 현대적 해석이네. 오늘이 내가 살아갈 날 중 가장 젊은 날이라는 말과 어쩐지 어울리는 것도 같다. 매일이 내 남은 인생의 가장 젊은 날이며, 매일이 어제보다 더 나은 모습이라니. 설레지 않을 수 없다.

어떻게 날마다 리즈 갱신을 할 수 있을까. 어떻게 하면 매일 새로워질 수 있을까, 매일 변화하고 나아질 수 있을까.

 소설가 무라카미 하루키는 소설을 쓸 때 철저하게 루틴을 지키는 것으로 유명하다. 네 시에 일어나서 대여섯 시간 글을 쓰고, 오후에는 10㎞를 달리거나 1.5㎞ 수영을 한다. 그러고 나서 책을 조금 읽고, 음악을 듣는다. 아홉 시에 잠자리에 든다. 이런 식의 일과를 변함없이 매일 지킨다. 또한 매일 원고지 20매의 정해진 분량을 쓴다고 한다. 어떻게 매일 원고지 20매, 육천 자의 글을 술술 쓸 수 있을까. 당연히 글이 안 써지는 날도 있을 것이다. 하지만 안된다고 연필을 놓는 것이 아니라 어떻게든 무엇이든 써낸다고 한다. 다음에 다시 고치면 된다는 마음으로. 매일 같은 시간, 같은 일과, 같은 분량을 반복한다. 어떻게 보면 단조롭기 짝이 없는 이 일상의 반복을 그는 무척 중요하게 여긴다고 한다. 하루키는 반복은 최면과 같아서 더 깊은 내면으로 이끌어 준다며 반복의 중요성을 설파한다.

 매일 8시, 아이들이 등교하고 나면 바로 옷을 갈아입고 8시 15분, 집을 나서 요가원으로 향했다. 8시 30분 수업에 조금 빠듯한 시간이기에 서둘러 뛰어갔다. 한 시간 동안 도반들과 함께 수련을 했다. 특별한 일이 없다면 봄, 여름, 가을, 겨울 사계절 같은 아침을 보냈다. 비가 오면 우산을 쓰고, 추워지면 종아리까지 오는 롱패딩과 무릎까지 오는 두꺼운 양말과 모자로 중무장하고 다녔다. 매일 같은 시간 반복되는 일과, 반복되는 자세들에 요가원에만 가면 조금 전까지 굳어 있던 몸도 신기하리만치 잘 움직여졌다. 이 시간, 이 공간에서는 이렇게, 라고 몸이 자동화 프로그래밍이 되었다. 하루키의 표현처럼 일종의 최면과 같다고나 할까. 덕분에 점점 아사나 자세가 좋아졌다. 처음 재활을 위해 요가원에 갔던 때와 비교해서 몰라보게 달라진 모습에 조금씩 조금씩 자신감이 생기기 시작했다. 나도 할 수 있구나. 내 몸을 신뢰하기 시작했다. '살이 찌든 빠지든 내가 내 몸을 사랑하게 되는 것, 그게 바로 운동의 진짜 효능'이라는 언젠가 본 글을 몸으로 이해하게 되었다.

어느 해는 월요일부터 토요일까지 일주일에 여섯 번 가기도 했고, 어느 해는 월, 수, 금 세 번만 가기도 했다. 요가원에 가지 않는 날은 같은 시간, 거실에 요가 매트를 깔고 몸에 익은, 다운독(아도무카스바나아사나)과 반 전굴 자세(아르다우타나아사나) 같은 기본 중의 기본 동작들을 잠깐이라도 혼자 수련했다. 스스로 요가 하는 몸이라는 최면을 걸었다.

같은 동작일지라도 어제의 아사나 수련과 오늘의 수련은 다르다. 반복한다는 행위 자체는 동일하지만 내용과 깊이는 다르다. 어제까지만 해도 안되던 동작이 오늘 갑자기 거짓말처럼 되는 때가 있다. 매일의 반복이 눈에 띄지 않게 모자란 부분을 조금씩 채워나가기 때문이다. 오늘의 성장은 어제의 반복으로 이루어진다. 처음에는 아무런 변화가 없는 듯 보여도 부족한 부분에 주의를 기울이며 꾸준히 반복하면 어느 순간 달라져 있는 걸 발견하게 된다. '영과후진(盈科後進)'이라는 말이 있다. 맹자에 나오는 말이다. 물이 흐를 때 웅덩이를 만나면 그 웅덩이를 다 채우고 넘친 후에야 비로소 계속 흘러감을 뜻한다. 비어 있는 부분을 넘칠 때까지 채우려면 반복뿐이다. 일견 느려 보이고 미련해 보일지라도 조급해하지 않고 착실히 채워 넣는다면 반드시 다시 흐르게 된다.

누구나 알다시피, 반복의 가장 중요한 점은 '꾸준히'다. 중간에 그만두면 이제까지 쌓아 온 것들이 흔적도 없이 사라지는 경험, 모두가 한 번쯤은 있을 것이다. 그러니 지금 당장 가시적인 변화가 없더라도 정말 변화가 없는 것이 아니라고, 나는 매일매일 새로워지고 있다고 자신에게 말해주자. 어제도, 오늘도, 내일도 꾸준히 하면 조금씩 나아진다. 분명 조금씩 새로워진다.

일일우일신, 매일 거창하고 색다른 무언가를 해야만 새로워지는 것이 아니다. 그저 매일매일의 반복으로 하루하루가 새로워지고 나아진다면 이보다 간단한 일이 어디 있겠는가. 하지 않을 이유가 없다.

 이른 저녁 서쪽 하늘에 가느다란 초승달이 금빛으로 반짝인다. 달만큼 착실한 반복을 보여주는 것이 있을까. 달은 매일 차오르기를 반복한다. 단 하루도 쉬지 않고 매일 새로운 모습으로 변화한다. 초승달은 초승달로만 머물지 않는다. 매일매일 조금씩 차올라 깜깜한 밤을 환하게 밝히는 보름달이 된다. 초승달에서 갑자기 보름달이 되지 않는다. 보름달이 되어 세상을 환히 밝히지만 그 환함을 유지하려 들지 않는다. 교만하지 않고 다시 조금씩 조금씩 비워 나간다. 채우는 데 15일, 비우는 데 15일, 그 일정한 리듬을 달은 수십억 년째 반복해 오고 있다. 매일 같은 반복으로 매일 새로운 모습을 보여준다. 괜히 일어나 초승달 자세를 해본다. 내일은 분명 또 새롭게 반짝이는 날이 될 것이다.

4. 일상이라는 수레바퀴

우르드바다누라아사나
:바퀴 자세

1. 등을 대고 누워 무릎을 굽혀 세운다.

2. 팔꿈치를 굽혀 손바닥을 어깨 아래에 두고 손끝이 발끝을 향하도록 한다. 손끝과 발끝이 같은 방향으로 향해야 하며, 두 손바닥 간격은 어깨너비보다 넓지 않도록 한다.

3. 숨을 내쉬며 엉덩이를 조이는 힘으로 골반을 들어 올린다.

4. 숨을 들이쉬며 가슴을 활짝 열어 가슴과 상체를 들어 올리고 정수리를 바닥에 댄다.

5. 숨을 내쉬며 손과 발로 바닥을 밀어내는 힘을 주어 팔꿈치를 펴서 몸과 머리를 들어 올린다.

6. 팔꿈치가 똑바로 펴지도록 어깨에서부터 팔을 뻗고 허벅지 근육을 위로 당긴다.

7. 숨을 내쉬며 무릎과 팔꿈치를 구부려 천천히 내려온다.

허리를 꺾어 넘어가는 것이 아니라 가슴을 열고 몸의 앞면을 길게 늘이는 데 집중한다. 어깨가 으쓱하지 않도록 견갑골을 모아 아래로 내려 어깨가 귀에서 멀리 떨어지도록 한다. 팔꿈치가 너무 펴지지 않도록 하고, 팔꿈치에 과도한 힘이 들어가지 않도록 유의한다. 손목이 어깨 바로 아래에 위치하고, 상체를 들어 올릴 때 팔꿈치가 벌어지지 않도록 한다. 팔꿈치가 벌어지면 상체를 들어 올리기 힘들어진다.

우르드바다누라아사나. 위를 향한 활자세라는 뜻이다. 둥근 바퀴를 닮았다고 해서 일명 바퀴 자세라고도 불린다. 처음 이 자세를 접했을 때였다. 엉덩이는 어찌저찌 들어 올리겠는데 도무지 팔을 뻗어내서 가슴을 들어 올릴 수가 없었다. 어떤 느낌인지 감조차 잡히질 않았다. 도움이 될 팁을 찾아 유튜브를 헤매고, 웹상에 '우르드바다누라아사나'라는 단어가 들어간 글이라면 무조건 클릭해서 읽어보았다. 며칠간의 탐색 끝에 마침내 원하던 글을 발견했다. 나처럼 우르드바다누라아사나가 되지 않아 고민하던 누군가가 자신의 경험을 블로그에 적어 놓은 글이었다. 팔을 펴지 못하고 가슴을 들어 올리지 못하는 그 답답함과 함께 처음으로 가슴을 들어 올렸던 때의 느낌과 방법이 적혀 있었다. 팔을 뻗음과 동시에 등 근육 조이기. 그건 마치 누군가가 등을 밀어 올리는 느낌이라고 했다. 누가 밀어 올리는 느낌. 알 것 같았다. 머릿속으로 그 감각을 몇 번이고 그려보았다. 다음 수업시간, 거짓말처럼 쑥 가슴을 들어 올렸다. 어이없게도 '이렇게 간단한 거였어?'란 생각이 들었다. 골반을 미는 힘, 가슴을 열어 들어 올리는 힘으로 몸을 활처럼 휘어 올렸다. 내 몸의 경계를 넘어 더 넓은 공간으로 나를 확장시켰다.

그리스어에는 시간을 나타내는 두 개의 단어가 있다. 크로노스와 카이로스가 그것이다. 크로노스는 시계와 달력으로 나타나지는 객관적이고 물리적인 시간을 말한다. 반면 카이로스는 특정한 의미가 부여된 주관적 시간을 뜻한다. 카이로스는 내가 만들어 내는 시간이자 기회이다. 누구에게나 공평하게 주어지는 똑같은 시간, 어제와 별다를 것 없는 오늘의 일상적인 시간을 어떻게 쓰느냐에 따라 크로노스를 카이로스로 바꿀 수 있다.

누구나 일정한 패턴으로 일상의 수레바퀴를 굴린다. 어제도 오늘도 일상의 무늬는 비슷하다. 오늘의 무늬 역시 어제의 데칼코마니 같은 형태지만 색채를 다르게 해 볼 수는 없을까? 내가 하려는 일에 정성을 기울이면 된다. 정성이란 반복되는 행위를 단순히 수동적으로 수행하는 것이 아니라 의미를 숙고하며 마음을 쏟는 것이다. 작은 것이라도 무언가에 정성을 다하면 그것들이 모여 일상이라는 틀을 넘어 더 큰 경험과 가치로 확장된다. 정성은 가랑비와 같아서 처음에는 사소해 보이기 쉽지만 시간이 지날수록 그 변화는 무시할 수 없는 수준이 된다.

 코로나 시기 3년간 툭하면 아이들이 등교를 하지 못했다. 어제까지 잘 가던 학교를 오늘 아침 갑자기 가지 못하는 날이 자주 반복됐다. 다행히 워킹맘이 아니기에 큰 혼란은 없었지만 당장 엄마표 점심 급식을 차려야 했다. 하루 이틀, 처음에는 대충 별다를 것 없는 밥과 반찬을 차렸고, 그마저도 귀찮으면 라면을 끓이거나 햄버거 같은 배달음식을 시켰다. 그러나 한 달 두 달, 그런 일상들이 자꾸 반복되자 이건 아니라는 생각이 들었다. 이왕 하는 밥, 정성을 들여 만들기로 마음먹었다. 같은 재료라도 조리법을 달리 해보고, 같은 음식이라도 어떻게 하면 더 맛있어 보일까 플레이팅을 고민하며 조금이나마 더 즐거운 점심시간을 만들어 주려고 노력했다. 정성을 다한 점심에 아이들은 늘 찬사를 보내주었다. 칭찬은 고래도 춤추게 한다고 했다. 일상의 밥 짓기가 더 이상 일상적인 일이 아니게 되었다. 대하는 마음이 달라지자 기약 없는 돌밥돌밥(돌아서면 밥 차리고, 돌아서면 밥 차리고)이 재밌어지기 시작했다. 아이들은 매일, 오늘 점심은 엄마가 뭘 해줄까 기대하며 줌으로 진행되는 학교 수업을 열심히 들었다. 스몰토크로 시작하는 영어 시간에 오늘은 엄마가 어떤 음식을 해줬다는 이야기를 하며 친구들의 부러움을 사기도 했다. 먹는 재미로 갇힌 생활을 즐겼다. 코로나가 완전히 끝나고 등교를 하던 아이들은 자유의 설렘보다 엄마 점심을 못 먹는 것을 더 크게 아쉬워했다. 코로나 3년은 누군가에는 어쩔 수 없는 크로노스의 시기였지만, 나에게는 카이로스의 시기가 되었다. 그 3년의 정성이 쌓여 이제는 웬만한 요리가 어렵지 않다. 매일 아침, 반찬 네 가지를 새로 만들어 싸는 남편 도시락이 크게 힘들지 않다. 그 3년의 기록들을 바탕으로 전자책을 내서 판매 수익을 얻기도 했다. 같은 일상이지만 그 일상에 의미를 부여하고자 한 마음과 작은 노력, 그리고 그 마음을 지키려는 태도가 결국 크로노스를 카이로스로 확장시켰다.

 뿐만 아니다. 코로나 시기를 거친 후 또 하나 새로운 일상의 의미를 발견했다. 지겹도록 반복되는 일상이 얼마나 깨지기 쉬운 얇은 유리 같은 것인지 경험한 후 일상의 수레바퀴가 돌지 않으면 어떻게 될까 종종 생각한다. 크든 작든 일상이 멈춘 경험은 누구든 있을 것이다. 일상의 멈춤은 좋은 일이든 싫은 일이든 약간의 피곤을 동반한다. 때에 따라 혼란과 무력감에 빠지기도 한다. 일상이란 결국 우리가 익숙하게 살아가는 틀, 그 흐름의 연속이기 때문이다. 단지 우리의 활동이 멈추는 것이 아니라, 우리가 그 안에서 느끼는 안정감과 삶의 중심이 흔들리기 때문이다. 한 번 깨어진 흐름을 이전의 리듬으로 돌리려면 더 많은 에너지가 필요하다. 그러나 일상의 흐름으로 돌아가려 노력하는 과정에서 너무나 일상적이어서 당연하다고 생각했던 것들에 다시 눈을 뜨기도 한다. 바쁜 틈새에 즐기는 커피 한 잔, 저녁 식탁에 오른 엄마의 된장찌개, 피곤을 녹이는 따뜻한 샤워, 이러한 일상의 조각들이 결국은 행복임을 깨닫게 된다. 가족과의 대화, 친구와의 웃음, 내가 하는 일에 대해 진지하게 고민하고 최선을 다하는 태도 같은 일상 속 작은 기쁨이 소중한 가치였음을 새삼 깨닫게 된다.

 일상 속에 파묻혀 있는, 작지만 소중한 가치를 알아차리면 내가 하는 작은 일 하나하나가 결코 작게 느껴지지 않는다. 무심결에 반복하는 행위에 의미가 깃들게 되면 바야흐로 그 일은 소중한 일이 된다. 특별할 것 하나 없는 평범한 순간들은 우리가 얼마나 진심으로 살고 있는가에 따라 그 소중함이 결정된다. 일상을 정성껏 산다는 것은 별 볼 일 없는 하루를 별 볼 일 있게 만드는 일이다. 정성껏 사는 것이란 결국 큰일을 성공적으로 해내는 것이 아니라, 우리가 하고 있는 일상의 작은 것에 의미를 부여하는 것이다. 일상의 평범한 순간을 특별하게 만드는 것은 요정의 마법 지팡이가 아니라 나의 정성스러운 마음이다.

5. 꿈의 아사나

우파비스타코나아사나
:박쥐 자세

〰〰

1. 다리를 앞으로 쭉 펴고 앉는다. 다리를 하나씩 옆으로 벌려, 두 다리 사이의 간격을 넓힐 수 있는 만큼 넓힌다.

2. 두 다리를 쭉 뻗고, 다리 뒷면 전체가 바닥에 닿도록 한다.

3. 척추를 곧게 세워 등이 굽어지지 않게 펴고 골반을 앞으로 굴리며 상체를 아래로 기울인다.

4. 아랫배, 가슴, 턱을 순서대로 바닥에 내려놓는다.

5. 양손의 엄지, 검지, 중지로 각각 양발의 엄지발가락을 잡는다. 손과 발이 서로 당기는 힘을 유지한다. 어깨에 힘이 들어가지 않도록 상체의 힘을 빼다.

두 다리를 가능한 한 넓게 벌리되, 무리해서 내전근이 다치지 않도록 한다. 무릎을 굽히지 않도록 다리에 힘을 주고 발끝이 바깥으로 넘어가지 않도록 주의한다. 다리와 엉덩이가 바닥에서 뜨지 않도록 하며 상체를 숙일 때 억지로 등을 구부려서 내려가지 않도록 한다. 무리하지 말고 내려갈 수 있는 곳에서 호흡하며 유지한다.

요가를 하다 보면 저마다 꼭 하고 싶은 아사나가 생긴다. 특히나 한참 아사나 수련이 재밌어지기 시작하면 그런 바람은 더욱 강해진다. 어떤 자세를 완성한다는 것이 요가를 잘하고 못하고 와는 상관없지만, 그저 개인적으로 꼭 완성해 내고 싶은 자세가 생긴다. 내 몸이 얼마나 유연한지, 어떤 류의 자세가 더 편안한지는 상관없다. 내가 지금 그것을 할 수 있고 없고도 상관없다. 그저 해보고 싶고 열심히 연습하면 언젠가는 할 수 있게 될 거라고 믿을 뿐이다. 그런 말이 있지 않은가. 될 때까지 연습하면 결국 된다고.

내겐 일명 박쥐 자세로 알려진 우파비스타코나아사나가 바로 그 꿈의 아사나였다. 양다리를 좌우로 찢고 상체를 숙여 바닥에 대는 것. 하고 많은 아사나 중 왜 그게 그렇게도 하고 싶었는지는 모른다. 같은 다리 찢기라도 앞뒤로 다리를 찢는 하누만아사나는 또 그렇게 매력적으로 다가오지 않았다. 제 눈에 안

경처럼, 그냥 내겐 우파비스타코나아사나가 그렇게 멋져 보였다. 시간이 얼마나 걸리든 우파비스타코나아사나를 하고 싶었다. 비록 지금 내가 최대로 벌릴 수 있는 두 다리 사이의 각도가 겨우 90도를 조금 넘을지언정, 굽어질 줄 모르는 뻣뻣한 허리일지언정, 종내에는 활짝 펴고 바닥에 상체를 붙이고 싶었다.

 하필 코로나 시기, 요가원이 수시로 문을 닫았다. 대신 줌으로 실시간 수업을 했다. 오가는 데 시간을 들이지 않고, 내 집에서 할 수 있다는 장점이 있었다. 그러나 그것이 선생님의 직접적인 피드백을 받을 수 없다는 단점을 커버할 수는 없었다. 내 자세가 바른지 아닌지 스스로 점검해야 했다. 폭이 좁은 전신 거울로는 똑바로 선 자세들은 볼 수 있었지만, 팔다리를 벌리는 동작들을 할 때 몸 전체를 볼 수가 없었다. 고민하며 집 안을 휘휘 둘러보던 중 전원이 꺼진 까만 텔레비전이 눈에 들어왔다. 그 앞에 요가 매트를 폈다. 앉아서, 서서, 누워서 팔다리를 쭉쭉 뻗어보았다. 서서 하는 동작에서 어깨 위로 올린 팔이 보이지 않는 것 빼고는 모든 동작에서 모든 움직임을 볼 수 있었다. 핸드폰을 거치대에 올려놓고 텔레비전 앞에 두었다. 한 시간 동안 핸드폰으로 선생님의 시범을 보며, 동시에 텔레비전에 비친 내 모습을 보았다. 그렇게 매일 수업을 들었다.

회원들이 각자 집에서 줌으로 수업을 받았기에 요가원에서처럼 다양한 도구를 활용한 수업이 아니었다. 그저 오롯이 맨몸으로 하는 동작들로만 구성된 수업이었다. 훨씬 힘들었지만, 훨씬 재미있었다. 동작을 하며 내 자세를 내 눈으로 보니 어디가 문제인지 바로바로 알 수 있었다. 눈으로 보며 몸을 움직일 때마다 느껴지는 감각을 기억했다. 비록 요가원에 가지 못하는 날들이었지만 오히려 요가 수련의 재미는 더욱 깊어졌다. 점점 자세들이 깔끔해지는 것이 눈에 보였다. 이게 맞나 싶을 때는 나중에 따로 영상도 찍고, 아이들에게 부탁해서 여러 각도에서 사진을 찍어 선생님께 보냈다. 선생님은 그때마다 세심한 피드백을 주셨고 아울러 격려와 응원도 잊지 않으셨다. 갑갑한 날이었지만 한 편으로는 하루하루 1cm씩 깊어지는 날이기도 했다.

 얼마나 그렇게 지났을까. 어느 날 수업에서 우파비스타코나 아사나를 했다. 어? 전보다 더 상체가 내려가지네? 어? 여기까지 손이 닿네? 어? 아직 더 가능할 것 같은데? 어? 어? 가슴이 닿는다?! 마침내 턱이 닿았다. 해냈다. 심지어 편안했다. 무릎 뒤 오금이 당기지도 않고, 허벅지 안쪽이 아프지도 않았다. 엉덩이는 뜨지 않고 바닥을 지그시 누르고 있었다. 세상에, 정말이지, 꿈은 이루어진다!

엉덩이, 양다리의 뒷면, 아랫배, 가슴, 턱까지. 우파비스타코나아사나는 누운 자세를 제외하고 가장 많은 몸의 면적이 바닥에 붙어 있는 자세가 아닐까 싶다. 말 그대로 바닥에 납작 엎드린 자세다. 한없이 낮아진 자세. 중력에 저항하지 않고 최대한 중력에 내 몸을 맡기는 자세다. 가장 낮은 자세지만 마음은 날개를 활짝 펼쳐 허공을 나는 박쥐 같았다. 어둠 속에서 거칠 것 없이 날아다니는 박쥐처럼 편안했다. 한순간 뿅하고 변신하듯 자세가 이루어진 것이 아니라, 오랜 시간에 걸쳐 스스로의 노력으로 이루어 낸 것이기에 더욱 기뻤다. 그간의 다른 자세들을 매일 차근차근 수련하며 몸이 조금씩 천천히 열렸기에 도달할 수 있었다. 수련의 힘든 순간을 피하지 않고 묵묵히 견뎌냈기에 도달할 수 있었다. 절대로 조급해하지 말고 차근차근, 목표를 바라보며 끈기 있게 나아가면 된다. 한 단계, 한 단계 꿈에 다가가는 과정은 고통도 기꺼이 즐거움이 된다. 꿈을 완성한 순간은 세상 누구의 어떤 순간도 부럽지 않다.

6. 과유불급, 욕심은 화를 부른다

밧다코나아사나
:나비 자세

〰〰

1. 단다아사나로 앉는다. 양 무릎을 구부려 허벅지를 양 옆으로 벌리고 발바닥을 서로 맞닿게 한다. 발뒤꿈치를 회음부 가까이 놓는다.

2. 양손으로 발을 단단히 잡고 척추를 바로 세운다. 가능하면 무릎을 바닥까지 천천히 낮춘다. 호흡하며 유지한다.

3. 가능하면 상체를 앞으로 숙여 이마나 턱이 바닥에 닿게 한다. 호흡하며 유지한다.

4. 숨을 들이마시며 상체를 세운다.

다리나 발목이 불편하다면 발의 위치를 조금 멀리 보낸다. 억지로 무릎을 바닥에 닿게 하지 않고 편안한 자세에서 호흡하며 자연스럽게 이완한다.

숩다밧다코나아사나
:누운 나비 자세

1. 등을 대고 누운 후. 무릎을 접어 세운다.

2. 무릎을 좌우로 벌려 발바닥을 붙인다.

3. 그대로 편안하게 호흡한다.

4. 양손은 편안하게 바닥이나 허벅지 위에 올려놓는다.
복부나 고관절 위에 올려놓아 따뜻하게 해 줘도 좋다.

허리가 불편하다면 요가볼이나 담요 등으로 상체를 받

쳐준다. 무릎이 떠서 근육이 긴장되면 무릎 아래 쿠션이나 블록 등을 놓아 무게를 받쳐준다. 처음에는 고관절과 허벅지 안쪽이 긴장되어 뻣뻣하고 불편함을 느낄 수 있다. 몸에 힘을 빼고 가만히 숨을 들이쉬고 내쉬다 보면 점점 고관절과 허벅지 안쪽, 무릎 등이 열리고 가라앉는 느낌이 든다. 그 편안함에 취해 오래 있다 보면 가끔 다리를 모으고 싶을 때 힘이 빠져 돌아오기가 어려울 때도 있다. 손으로 허벅지를 쓰다듬듯이 감싸 안아 모아주면 된다.

우파비스타코나아사나를 하게 된 후 늘 조금 들떠 있었다. 시도 때도 없이 틈만 나면 요가 동작을 해댔다. 찌개가 끓는 동안 아르다우타나아사나(반 전굴 자세)를 했고, 빨래를 너는 중간중간 우카타아사나(의자 자세)를 했다. 앉아 있을 때는 파드마아사나(결가부좌)를 하고 몸통을 좌우로 비틀었다. 일상의 틈마다 아도무카스바나아사나(다운독 자세)를 했다. 잠들기 전 침대에 누워서 몸을 비트는 동작을 하고 숩타받다코나아사나 일명 누운 나비 자세로 마무리했다.

하루를 마무리하는 시간, 온몸의 힘을 뺀 편안한 자세에서, 다치고 말았다. 호기심이었을까 욕심이었을까. 엉덩이 근육을 순간적으로 있는 힘껏 수축시켰다. 하더라도 천천히 부드럽게 했더라면 좋았을 것을. 갑자기 힘을 가한 탓에 왼쪽 엉덩이에서 '뚝' 하는 소리가 났다. 엉덩이 안쪽, 천장관절 근처 아래쪽이었다. 바로 힘을 풀었고 다리를 모아 천천히 뻗었다. 엉덩이가 조금 따끔거리듯 아팠으나 자고 나면 괜찮겠지, 라며 크게 신경 쓰지 않았다.

 한창 아사나가 잘될 때였고 몸이 일생 중 가장 유연했을 때였다. 조금 더 난이도가 높은 아사나를 해보고 싶은 때였다. 다니던 월, 수, 금 아침 8시 반 수업에 빠짐없이 나갔고, 딸과 함께 매일 저녁 6시 수업에도 가서 수련했다. 엉덩이에서 뚝 소리가 난 다음 날도 아침저녁으로 요가원에 가서 수련했다. 다음 날도 그다음 날도, 그리고 그다음 날도 계속. 어떤 자세에서는 아무렇지도 않았고 어떤 자세에서는 아팠다. 밥할 때 가스레인지 앞에 가만히 서 있으면 괜찮다가 무심코 한 발짝을 떼면 엉덩이에서 통증이 올라왔다. 엉덩이를 문지르며 마사지했다. 지금 생각해 보니 대체 왜 그랬을까, 이해할 수 없지만 병원에 가지 않았다. 계속 아픈 게 아니니 심각하다고 생각을 하지 못했던 것 같다. 그저 시간이 지나면 자연히 나을 거라고 막연히 생각했던 것 같다. 대신 요가 선생님께 이런저런 자세를 할 때 엉덩이 통증이 있다고 말씀을 드렸다. 아직 골반과 엉덩이 주변이 다 열리지 않아서 그런 거니 천천히 수련하면 된다는 대답을 들었다. 상황을 설명하는 나의 중국어가 충분치 못했다.

얼마가 지난 후, 엉덩이 아래쪽부터 다리까지 전기가 타는 듯한 저림이 느껴졌다. 그때라도 병원을 갔었어야 했다. 하지만 가까운 중국 병원의 정형외과를 믿지 않기에 가지 않았다(1장에서 언급한 바가 있다. 지금이라면 두말없이 갈 것이다). 그 병원은 가지 않더라도 시내의 대학 병원에 갔어야 했다. 그러나 다른 민간 요법 치료를 받았다. 도대체 왜 그랬을까. 한 달 동안 엉덩이와 고관절의 림프가 다 부었다. 바지 지퍼를 채울 수 없을 정도였다. 앉을 수도 없었고 눕기도 괴로웠다. 소염진통제를 먹으며 찜질하며 버텼다. 당연히 요가는 쉬었다. 속상했다. 부기가 가라앉은 후에도 골반 라인을 따라 왼쪽 엉덩이 아래와 고관절이 자주 시렸다. 그때마다 소염진통제를 먹었다. 간헐적인 시림과 다리 저림은 피곤하거나 어딘가 컨디션이 좋지 않을 때면 어김없이 나타났다. 그렇게 1년이 넘는 시간을 보냈다. 당연히 이전에 가능했던 많은 동작들이 어려워졌다. 특히, 고관절이 열려야 하는 우파비스타코나아사나, 박쥐 자세가 불가능해졌다.

그러던 어느 날, 한국인 선생님이 계시는 한의원이 가까이에 생겼고, 그곳에서 일 년 이상 치료를 받았다. 다행히 고관절 시림과 다리 저림이 없어졌다. 그러나 왼쪽 엉덩이 근육은 다치기 전 상태로 돌아가지 못했다. 오랜 염증으로 엉덩이의 여러 근육들이 협착되었다. 이후로, 지금까지도 골반을 여는 자세들이 어렵다. 제때 올바른 치료를 받았더라면 아마 별문제 없었을 것이다. 아니, 엉덩이에서 뚝하는 소리가 났을 때 수련에 욕심 부리지 않았더라면, 통증이 없어질 때까지 푹 쉬기라도 했다면, 그 고생은 안 했을 것이다. 내 몸이 하는 말에 귀 기울이지 못했기에 호미로 막을 일을 가래로도 막지 못하게 만들어 버렸다.

조금 더 잘하고 싶다는 욕심이 과도한 수련을 하게 만들었고, 결국 내 몸은 그 한계를 버티지 못했다. 몸이 보내는 경고를 무시하며 계속해서 몸을 밀어붙였던 나의 태도는, 나 자신을 존중하지 않고, 몸의 한계를 외면하는 일이었다. 욕심을 부린다고 해서 반드시 더 나은 결과가 따라오는 것도 아닌데. 오히려 지나치면 균형이 깨지고, 몸과 마음에 더 큰 부담을 주게 된다. 아사나 수련이 너무도 재밌고 노력에 따라 나날이 변화되는 그 과정이 너무도 즐거웠지만, 그 과정에서 들인 지나친 노력 때문에 내가 나를 망쳤다. 아니, 그건 결코 노력이라 부를 수 있는 게 아니었다. 탐욕과 만용이었다.

과도한 열정은 때때로 화가 되어 돌아오기도 한다. 그 일을 겪은 뒤론 더 이상 일을 할 때도, 운동을 할 때도, 너무 과하게 몰

두하지 않으려 노력한다. 그 어떤 것이라도 지나치면 독이 될 수 있음을 글자 그대로 뼈저리게 느꼈다. 바람구멍이 숭숭한 제주도의 돌담이 태풍에도 무너지지 않는 것처럼 몸과 마음에도 적당한 틈이 필요하다. 지나침은 모자람만 못하다. 과도한 욕심을 부리지 않고, 나 자신을 존중하며, 나의 속도에 맞춰 나아가는 것이 중요하다. 어떤 일이든 내가 감당할 수 있을 만큼, 과하지 않게. 잊지 말자. 언제, 어디서든 과유불급.

도전은 필요하지만 욕심은 화를 부릅니다

현재를 받아들이는 순간,
다음 여정이 시작됩니다

1. 마음이 마음에게

우타나아사나
:선 전굴 자세

〰〰

1. 타다아사나로 선다.

2. 숨을 내쉬며 상체를 앞으로 숙인다. 양손은 발 옆에 둔다.

3. 숨을 내쉬며 복부를 허벅지 위에, 머리를 무릎에 붙인다. 상체가 다리에 가까이 올수록 팔꿈치는 살짝 굽힌다. 가능하면 무릎을 굽히지 않도록 한다.

4. 허벅지를 위로 끌어당겨 무릎뼈를 위쪽으로 당긴다. 엉덩이는 뒤가 아닌 위를 향한다. 깊게 호흡한다.

손바닥이 바닥에 닿지 않으면 블록을 이용한다. 손가락 끝이 바닥에 닿는다면 손바닥으로 발뒤꿈치 위 종아리를 잡고 팔꿈치 아래를 종아리 뒷부분에 붙인다. 등이 많이 굽어지거나 허벅지 뒷근육이 당겨서 아프다면 무릎을 살짝 굽힌다. 척추를 바르게 뻗는 게 중요하다.

우리 몸은 변화가 생길 때 이전 상태로 돌아가려는 항상성을 가지고 있다. 항상성이란 사전적으로는 '생체가 여러 가지 환경 변화에 대응하여 생명 현상이 제대로 일어날 수 있도록 일정한 상태를 유지하는 성질'을 뜻한다.º 덕분에 가벼운 감기 정도는 약을 먹지 않아도 나을 수 있다. 감기 걸리기 전의 건강한 상태가 우리 몸이 생각하는 일정한 기본값 상태이기 때문이다. 이 기본값은 오랜 시간에 걸쳐 유지되어 온 것이다. 바꿀 수 있지만 역시 천천히 시간을 들여 몸을 새롭게 세팅해야 한다. 몸이 우리가 바꾸고자 하는 기본값에 적응하고 그것이 새 기본값이라는 것을 인정하고 받아들일 시간이 필요하다.

다이어트를 예로 들어보자. 여행, 명절 등 특별한 며칠을 보내고 나면 갑자기 몸무게가 불어난다. 그러나 일상으로 돌아와서 조금만 식단을 조절하고 움직임을 늘리면 쉽게 다시 원래 몸무게로 회복된다. 하지만 일 년, 이 년 나도 모르게 서서히 찐 살은 그렇지 않다. 절식에 가까운 소식, 칼로리 제한 섭취, 고강도 운동 등의 방법을 통해 단기간에 몸무게를 줄일 수는 있다. 그러나 단기간 다이어트로 줄인 몸무게는 곧 이전으로 돌아간다. 우리 몸이 이전 몸무게에 오랜 세월에 걸쳐 적응되어 있기 때문이다. 몸이 이전 몸무게를 기본값이라고 인식하고 있는 것이다.

 2년 전, 남편이 다이어트를 결심하여 식단을 도왔다. 남편은 8개월에 걸쳐 근손실 없이 체지방만 15kg을 뺐다. 살이 잘 빠지는 시기도 있었고, 지지부진하게 체중계의 숫자가 변하지 않는 시기도 있었다. 한 번 정체기가 오면 경우에 따라 일주일, 혹은 두 달 이상 같은 몸무게를 지속하기도 했다. 조급해하지 않는 게 중요했다. 변하지 않는 숫자에 초조해하며 식단을 급격하게 바꾸거나 운동량을 더 늘리거나 하지 않았다. 분명히 바뀔 것이라 믿으며 그저 어제처럼 오늘도 정해진 하루 치의 식단과 운동을 이어갔다. 그러자 어느 순간 체중계의 숫자가 쑥 내려갔다. 몸과 남편이 서로 버티기를 하다 결국, 남편이 이긴 것이다. 몸이 '이제 이것이 새 기본값이구나, 이 정도 체중으로도 생존에 위협이 되지 않는구나.'라고 받아들이게 된 것이다. 이처럼 몸과 내가 겨루는 그 기간이 우리 몸이 체중의 기본값을 재설정하는 구간이라고 생각한다. 그 구간을 무사히 통과하고 나면 웬만

해서는 그전의 몸무게로 돌아가지 않는다. 기본값이 재설정되는 시간은 사람마다, 다이어트의 단계마다 다 다르다. 이 구간을 잘 넘기지 못해서 몸무게의 기본값을 재설정하는 데 실패하면 쉽게 이전 몸무게로 돌아가게 된다. 흔히 말하는 요요를 겪게 되고 더 살찌기 쉬운 체질로 변하게 된다.

요가 수련도 마찬가지였다. 부상으로 일 년 넘게 제대로 수련하지 못했다. 그간의 요가 수련으로 조금씩 바뀌고 있던 몸이 어떻게 되었을까. 당연히 항상성에 의해서 돌아가려 했다. 문제는 돌아갈 기본값이었다. 내 몸이 생각하는 기본값이 어디였을까. 부상 직전 내 인생 최고의 유연한 몸이었을까, 그 이전의 뻣뻣한 몸이었을까. 안타깝게도 우파비스타코나아사나(박쥐 자세)를 할 수 있었던 기간은 기본값으로 설정되기에 너무도 짧은 순간이었다. 결국 내 몸은 그보다 훨씬 이전으로 회귀해 버렸다. 그동안 쌓아왔던 수련의 거의 모든 것을 새로 다시 시작해야 하는 것과 다름 없었다. 그나마 일상생활에 무리 없는 발목 상태를 유지할 수 있다는 것이 다행이라면 다행이었다.

내게 있어 꿈의 아사나 도달은 하나의 이정표였다. 지난 세월을 잘 버텼다고 주는 졸업장이었고, 새로운 세계로의 초대장이었다. 어느 날 갑자기 올빼미가 날아와 떨어뜨리고 간 입학허가서가 아니라, 몇 년이라는 시간과 땀방울을 들여 나의 온몸으로 이루어낸 허가서였다. 그런데 지금, 이루었던 꿈이 무너지니 내 노력과 시간이 오롯이 담긴 그것을 부정당하는 것만 같았다. 세계가 '너는 아직 이걸 가질 자격이 없으니 다시 쌓아와.'라고 말하는 듯했다. 부상을 초래했던 그 상황도, 이후의 대처도 모든 게 한심스럽기 짝이 없게 느껴졌다. 속상했다. 참 많이. 모두 내가 저지른 것이기에 누구도, 무엇도 탓할 수 없었다. 어디에 하소연할 수도 없었다. 그저 스스로를 책망하며 보낸 나날들이 이어졌다.

가을과 겨울 사이, 그 어디쯤의 오후였다. 넓은 거실 창으로 들어온 햇살이 한없이 눈부셨고 따사로웠다. 빨래를 넌 후 멍하니 창밖의 파란 하늘을 보고 있다가 나도 모르게 요가 매트를 폈다. 다친 뒤론 한 번도, 절대로, 집에서 혼자 요가 수련을 하지 않았다. 그런데 그날은 내 뜻이 아닌 무언가가 나를 이끄는 것 같았다. 몸에 익은, 가장 기본 자세들을 하나하나 해보았다. 느낌이 나쁘지 않았다. 일어서서 하늘을 향해 길게 몸을 뻗고 한참 있다가 서서히 상체를 굽혔다.

상체를 숙여 다리에 가까이 가져가자 온몸에서 저항이 느껴졌다. 늘어나지 않으려는 다리 근육들과 숙여지지 않으려는 고관절 때문에 숨이 가빠졌다. 거기에 더해 무게 중심이 상체로 쏠리니 앞으로 고꾸라질 것 같은 공포까지 밀려왔다. 어디선가 들려오는 "괜찮아, 괜찮아."라는 말이 숨을 따라 내 몸에 메아리처럼 퍼져 나갔다. 호흡에 따라 나만 알 수 있을 정도로 조금씩 이마와 정강이가 가까워졌다. 완전히 붙지는 않았다. 뻗은 다리가 부들부들 떨렸다. 왼쪽 고관절에 뭔가가 끼어 있는 것 같았다. 가까스로 바닥에 닿았던 손가락 끝을 떼어내 종아리를 잡았다. 떨리는 몸을 느끼며 그대로 있자니 다시 그 목소리가 들렸다. 언제 고꾸라져도 이상하지 않을 만큼 떨리던 다리가 한 호흡, 한 호흡에 차츰 안정되어 갔다. 고관절이 접히고 배와 허벅지가 붙고 가슴과 무릎이 붙고 이마가 종아리에 붙었다. 양손으로 발목을 잡고 두 팔을 종아리 뒷면에 붙여 다리를 감싸 안았다.

 문득 내가 나를 온몸으로 꼭 안아 주는 느낌을 받았다. 동시에 마음속 깊은 곳에서 뭉클한 울음이 터져 나왔다. 한참 동안 폴더처럼 몸을 접은 채 마음속 울음을 토해냈다. 울음을 그치고 싶지 않았다. 억지로 그칠 수도 없었다. 여전히 물이 세차게 흘러넘치고 있는데 둑을 쌓으려 해 보았자 물살에 떠밀리기만 할 뿐이다. 한 번 터진 둑은 물이 다 빠져야만 새로 쌓을 수 있다. 남김없이 흘러가게 두었다.

 서럽게 울고 있는 마음을 다른 마음이 바라보았다. 많이, 참 많이, 내가 생각했던 것보다 훨씬 많이 속상했구나. 맞아. 우파비스타코나아사나 성공했을 때 정말이지 기뻤는데. 그 속상함을 어떻게 참았니. 애써 모른 척하고 있던 마음을 솔직하게 바라보고 공감해주었다. 다친데다가 오랫동안 제대로 수련도 못 했는데 그래도 놓아 버리지 않고 요가 수업 착실하게 다닌 거 칭찬해. 그것만으로도 이미 훌륭해. 까짓것 그거 좀 못 하면 어때. 그게 요가의 전부는 아니잖아. 그래도 지금은 화장실 못 갈까 봐 걱정하지 않잖아. 그때로 돌아가지 않아서 다행이야. 그때보다 훨씬 나은걸. 한 번 해봤잖아. 누구보다 잘 알잖아. 울음이 빠져나간 자리에 나에 대한 연민과 애씀에 대한 인정과 칭찬을 채워 넣었다. 내 마음이 내 마음을 안아 주었다.

○ 참고문헌: 『당신도 느리게 나이 들 수 있습니다』 p36. 정희원. 더퀘스트

2. Simple is the best

비라바드라아사나 I
:전사 자세 I

1. 타다아사나로 선다. 양팔을 머리 위로 올리고, 팔을 위로 쭉 뻗어 두 손은 합장한다.

2. 숨을 들이쉬며 껑충 뛰어 두 다리를 어깨 두 배 너비 정도로 옆으로 벌린다.

3. 숨을 내쉬며, 몸통을 왼쪽으로 돌린다. 왼발을 왼쪽으로 90도, 오른발은 왼쪽으로 약간 돌린다.

4. 왼쪽 무릎을 구부려 허벅지가 바닥과 평행이 되도록 한다. 허벅지와 정강이가 직각이 된다. 오른쪽 다리를 쭉 뻗는다.

5. 얼굴과 상체, 왼쪽 무릎과 왼발이 모두 같은 방향을 향한다. 등이 바닥과 수직이 되도록 곧게 뻗는다.

6. 4~5번의 호흡을 유지한 후 숨을 내쉬며 껑충 뛰어 타다아사나로 돌아간다.

엉덩이와 배에 힘을 줘서 허리가 뒤로 꺾이지 않도록 한다. 굽힌 왼쪽 무릎이 발등 밖으로 나가지 않도록 주의한다. 동시에 무릎이 안쪽으로 기울어지지 않도록 계속 신경 써서 바깥으로 밀어준다. 뒤로 뻗은 오른발의 바깥쪽 발날이 뜨지 않도록 발 바깥날과 뒤꿈치에 힘을 줘서 꾹 누른다.

비라바드라아사나 II
:전사 자세 II

1. 타다아사나에서 깊이 숨을 들이쉬며 껑충 뛰어 두 다리를 어깨 두 배 너비 정도로 옆으로 벌린다.

2. 양팔을 어깨와 일직선으로 뻗고, 손바닥을 아래로 향하게 한다. 오른발은 오른쪽으로 90도, 왼발은 오른쪽으로 약간 돌린다.

3. 오른쪽 무릎을 구부려 허벅지가 바닥과 평행이 되게 한다. 허벅지와 정강이는 직각이 되도록 한다. 왼쪽 다리는 쭉 뻗는다. 얼굴을 오른쪽으로 돌리고 오른손 끝을 응시한다.

4. 4~5번의 호흡을 유지한 후 숨을 내쉬며 껑충 뛰어 타다아사나로 돌아간다.

비라바드라 I과 마찬가지로 뻗은 왼발의 바깥쪽 발날이 뜨지 않도록 힘을 줘서 꾹 누른다. 엉덩이와 배에 힘을 줘서 엉덩이가 뒤로 빠지지 않게 한다. 옆에서 봤을 때 다리, 엉덩이, 등이 일직선상에 있어야 한다. 누가 잡아당기는 것처럼 양팔은 일직선상에서 쭉 뻗는 힘을 유지한다.

한때, 비라바드라아사나를 요가를 시작하면 누구나 할 수 있는, 아니 요가를 하지 않아도 누구나 할 수 있는 아주 단순한 동작이라고 생각했다. 아니었다. 바른 정렬과 정확한 자세를 유지하기 위해서는 생각 이상으로 많은 에너지가 필요했다. 강력한 코어 근육의 힘이 있어야 척추를 바로 세울 수 있다. 바닥을 단단히 누를 수 있는 하체의 힘이 있어야 골반을 아래로 내리고 자세를 흔들리지 않게 유지할 수 있다. 단단한 마음을 손가락 끝까지 뻗어내려면 아랫배 깊은 곳에서부터 숨을 들이쉬고 내쉬어야 한다. 온몸을 하나의 평면처럼 바르게 마름질하려면 나의 모든 면을 모든 각도에서 바라볼 수 있어야 한다. 아도무카스바나아사나(다운독 자세)만큼 많이 했지만 얼마 전까지도 비라바드라아사나(전사 자세)의 아름다움을 몰랐다. 최근에야 직각과 직선으로 이루어진 전사 자세가 얼마나 아름다운지 깨달았다. 군더더기 없는 가장 단순하고 정직한 직선에서 오는 절제된 강건함. 그것이 비라바드라아사나의 아름다움이다.

마음속에 두려움이 스멀스멀 올라올 때가, 머릿속에 거짓 믿음이 뿌리를 내리려 할 때가 있었다. 예전과 같은 몸 상태로 돌아갈 수 있을까, 이전과 같은 정도로 동작들을 할 수 있을까, 다시 우파비스타코나아사나(박쥐 자세)를 할 수 있을까, 더 이상 전처럼 아사나를 못 해낼 것 같다, 그때 무리를 하더라도 요가 지도자 자격시험을 봤어야 했나, 이제 기회가 오지 않으면 어쩌지 등등. 한 번 고개를 든 두려움은 꼬리에 꼬리를 물고 눈덩이처럼 커졌다. 그럴 때면 아무리 아니라고 부인해 보아도 소용이 없었다. 생각만으로 마음을 어쩌지 못하면 몸을 움직여야 한다. 마음은 몸을 따라가니까. 이때 비라바드라아사나(전사 자세)는 두려움이라는 괴물을 상대하기에 딱 안성맞춤인 대적수가 된다. 단지 단순함에서 오는 아름다움 때문만이 아니다. 비라바드라아사나가 왜 두려움에 맞서기 좋은 자세인지 알려주는 흥미로운 이야기가 있다.

신들의 왕 시바와 그의 아내 사티 그리고 사티의 아버지 닥사가 있었다. 어느 날 닥사가 거대한 제식 행사를 거행했다. 사위를 마음에 들어 하지 않았던 닥사는 딸 사티와 사위 시바를 그 제식에 초대하지 않았다. 그러나 사티는 그 제식에 갔고 아버지로부터 냉대를 당하고 말았다. 그뿐만 아니라 닥사는 다른 손님들 앞에서 시바를 모욕했다. 사티는 엄청난 굴욕감과 모욕감을 견디지 못하고 불길에 몸을 던져 자살하고 말았다. 이 소식을 들은 시바는 크게 분노하며 머리카락을 뜯어 땅에다 던졌다. 그러자 그 머리카락에서 '비라바드라'라는 이름의 전사가 나타났다. 시바는 비라바드라에게 군대를 이끌고 가서 닥사와 그의 제식을 파괴하라는 명령을 내렸다. 비라바드라와 시바의 군대는 닥사의 제식에 폭풍처럼 나타나 모든 것을 무자비하게 파괴하고 다른 신들과 닥사의 목을 베었다. 그러나 아내를 잃은 시바는 여전히 슬픔에 잠겨 카일라스로 가서 깊은 명상에 들었다. 이후 몇천 년 후, 사티는 우마라는 이름으로 환생하고 시바와 재결합한다. 칼리다스의 위대한 시「전쟁 신의 탄생」에 나오는 이야기이다.°

이야기에서 드러나듯 비라바드라는 힌두교의 무수히 많은 신 중에서도 최고의 강력함으로 꼽히는 시바신의 힘을 받았다. 그렇기에 비라바드라아사나는 한 치의 두려움도 없는 전사를 표현한다. 내 마음이지만 내 뜻대로 되지 않을 때, 혼란스러운 마음을 가라앉히려 비라바드라아사나를 했다. 비라바드라아사나는 총 세 동작이 있다. 먼저 비라바드라아사나 I을 한다. 닥사의 제식에 나타난 비라바드라의 모습이다. 머리 위로 곧게 뻗은 팔이 마치 신성한 검을 머리 위로 치켜들어 기합을 넣는 용맹한 전사의 모습 같다. 동작을 하면 아이들과 함께 보는 판타지 애니메이션의 주인공이 된 듯했다. 애니메이션 속 용사가 전투에 앞서 신성한 힘이 깃들기를, 신의 가호가 깃들기를 비는 것처럼 나 또한 마음을 다잡고 용기를 불어넣었다. 이어지는 동작은 날카로운 칼끝으로 적을 겨누는 전사의 자세 비라바드라아사나 Ⅱ다. 두 눈 부릅뜨고 정면으로 마음속 나의 두려움을 마주 보았다. '할 수 있을까? 해도 될까?' 라는 생각을 피하지 않았다. 마주하고 싶지 않지만 도망치지 않았다. 내가 나에게서 도망칠 수 없으니까. 내가 나를 마주 보지 못하고 외면해 버린다면 누군들 당당하게 마주할 수 있을까. 먼저 스스로에게 비겁해지고 싶지 않았다.

 이전과 같은 수준으로 아사나 수련을 할 수 없다는 것은 어쩔 수 없는 사실이다. 내가 어떻게 해도 바꿀 수 없다. 그 사실을 있는 그대로 받아들여야 한다. 그러나 그 사실을 어떻게 바라볼지는 내 몫이다. 어떻게 해석하고, 어떻게 판단할지는 나에게 달렸다. 그 결과 느끼게 되는 감정까지도 전적으로 나의 주관이다. 내가 만들어 낸 것이다. 그저 내 머릿속에 나타난 것일 뿐, 누구도 나에게 두려움을 강요하지 않았다. 또한, 내가 만들어 낸 생각과 감정은 진실도 사실도 아니다. 물론 실체도 없는 이 두려움이 처음부터 생겨나지 않게 막을 방법은 없다. 전두엽에서 의식적으로 만들어 낸 것이 아니니까. 하지만 이 두려움을 어떻게 해야 할지는 이성적으로 알 수 있다. 적어도 이 두려움을 붙들고 있을지 아닐지 정도는 결정할 수 있다. 문제는 두려움 자체가 아니다. 중요한 것은 그 두려움을 대하는 나의 태도다.

 문제가 단순해지니 해결책도 명료해졌다. 내가 할 수 있는 것은 과거를 바꾸는 것도, 감정을 부정하거나 회피하는 것도, 감정에 사로잡혀 굴복하는 것도 아니었다. 두려움이 인다는 것을 당연한 것으로 받아들이고 이 상황에서 내가 할 수 있는 것을 하는 것이다. 나는 이미 한 번, 못 걸을 수도 있었던 상황을 이겨낸 경험이 있다. 이번에도 분명 나아질 것이다. 설령 다치기 전과 똑같은 상태로 돌아가지 못하더라도 괜찮다. 교본에 있는 사진과 똑같은 자세를 완성하는 것이 요가가 아니니까. 만들어 낸 자세보다 그 자세를 하는 동안 일어나는 내 몸과 마음의 과정을 알아차리는 것이 요가니까. 꼭 그 아사나만 있는 게 아니니까. 수백 가지 아사나 중 내가 할 수 있는 것을 하면 된다. 세상이 내게 요구하는 것이 아닌, 내가 원하는 것을 이루기 위해 용기를 내면 된다. 가장 좋은 답은 언제나 간단하고 단순하다. 두려움에 회피하지 말고 내가 할 수 있는 오늘의 수련을 하는 것, 그뿐이다. 오늘의 한 호흡, 일 센티미터가 조금 더 나은 내일의 동작을 만들어 낼 것이라는 믿음만 있으면 된다.

○ 참고문헌: 『요가 디피카』 p88. B.K.S아헹가. 도서출판 禪요가

3. 덜어내기

비라바드라아사나 III
:전사 자세 III

〰〰

1. 비라바드라아사나 I 에서 숨을 내쉬며 상체를 앞으로 숙인다.

2. 숨을 내쉬며 오른쪽 다리를 들어 올리며 왼쪽 무릎을 편다. 오른쪽 다리의 앞면은 바닥을 향한다. 귀 옆으로 쭉 뻗은 팔과 뒤로 쭉 뻗은 오른쪽 다리는 일직선이 되게 한다.

3. 일직선이 된 몸 전체가 바닥과 평행을 이룬다. 곧게 편 왼쪽 다리는 바닥과 수직이다.

4. 3~5번의 호흡을 유지한 후, 숨을 내쉬며 비라바드라아

사나 Ⅰ으로 되돌아간다.

상체와 들어 올린 다리가 일직선을 이루도록 한다. 일직선이 유지되어야 균형을 잡기가 쉽다. 골반이 수평을 유지하도록 한다. 골반이 한쪽으로 치우치지 않도록 하며, 특히 들어 올린 쪽의 골반이 올라가지 않도록 주의한다. 들어 올린 다리의 앞면이 바닥과 마주 볼 수 있도록 주의를 기울인다. 한 곳에 시선을 고정하여, 균형을 잃지 않도록 한다.

비라바드라아사나는 모두 세 가지가 있다. 첫 번째 아사나는 닥사의 제의장에 번개처럼 강림하는 모습을, 두 번째 아사나는 한 치의 두려움 없이 적을 응시하는 모습을 나타낸다. 그리고 세 번째 아사나는 폭풍처럼 날아가 닥사의 목을 베는 모습이다. 세 번째 전사 자세 비라바드라아사나 III는 옆에서 보면 가로 한 획, 세로 한 획 단 두 개의 직선으로 이루어져 있다. 가장 기본자세들인 타다아사나(그림 1-5-1), 단다아사나(그림 1-5-2), 아도무카스바나아사나(그림 1-5-3) 외에 이토록 직선적이고 절제된 자세가 또 있을까. 덜고, 덜고 또 덜어내어 가장 단순하지만, 내면에는 적의 목을 베어내는 결정적 순간의 가장 강력한 힘을 응축하고 있다.

천재 조각가라 불리는 미켈란젤로가 남긴 "조각은 필요 없는 부분을 떼어낼 뿐"이라는 말은 이젠 누구나 아는 식상한 이야기일지도 모르겠다. 하지만 미켈란젤로뿐만 아니다. 동서고금의 수많은 걸작을 탄생시킨 조각가들은 모두 하나같이 같은 이야기를 한다. 돌을, 나무를 오랫동안 가만히 바라보고 있노라면 그 안에 깃든 형상을 발견할 수 있다고. 그리하여 그 형상 이외의 것들, 불필요한 부분들을 떼어내는 것이 곧 조각이라고.

 조각가들이 그러했듯이, 비라바드라가 그러했듯이 내게서 베어내야 하는 것은 무엇일까. 비라바드라아사나 III을 수련하며 닥샤의 목을 노렸을 예리한 칼끝을 나의 내면으로 돌려본다. 늘 마음 한구석에 웅크리고서 호시탐탐 나를 노리는 자책과 미래에 대한 불안, 과거의 영광에 매달리려는 집착, 어서 빨리 이 상황에서 벗어나고 싶은 조바심, '그래도 그만큼 했는데, 이 정도쯤'이라는 자만, 칭찬받고 싶고 인정받고 싶은 허영심…. 너무도 많은 군더더기가 마음속에 껴 있었다. 잇몸 사이에 낀 오래된 치석들처럼 누렇게 변색되어 악취를 풍기고 있었다. 이런 마음속 찌꺼기들을 어떻게 씻어버릴 수 있을까. 치과에서 스케일링 받듯 단 한 번의 세찬 물줄기로 씻어버릴 수 있다면 얼마나 속 시원할까. 그러나 그렇게 손쉽게 떨어질 것들이 아니었다. 불안은 조바심으로, 자책은 집착으로, 자만은 허영심으로 이어져 단단히 엉겨 붙어 있었다. 조각가들이 심혈을 기울여 끌과 정으로 불필요한 것들을 한 조각 한 조각 떼어내듯 하나하나 떼어내고 긁어내야 했다. 맨손으로는 불가능했기에 도구를 찾아야 했다. 비라바드라의 칼처럼 날카로운 것, 조각가의 끌과 정처럼 뾰족한 것이 필요했다.

 내가 가진 도구는 용기였다. 나의 한계를 정면으로 바라보고 인정하는 용기, 내 마음속 찌꺼기들을 모른 척하거나 감추지 않는 용기. 더불어 나에게는 세상에서 가장 단순하면서 단단한 무기, 성실이라는 조각도가 있었다. 매일 규칙적으로 요가원에 나가 정성을 쏟아 하는 수련이 곧 마음을 조각하는 과정이었다. 마음속 찌꺼기들을 솔직하게 인정하고 떼어내려 노력했다. 요가의 즐거움을 만끽하는 것을 넘어 탐닉에 빠졌다는 것을 인정했다. 적당한 알맞음의 한계를 넘어선 욕심이 부른 결과를 받아들였다. 그 결과가 불러온 마음의 온갖 불순물을 직시했다. 내가 어디까지 갈 수 있는지 욕심내지 않고 이 순간 딱 알맞은 지점을 찾으려 집중했다. 신기루 같은 이상향이 아니라, 지금 내가 하고 있는 실제 모습을 보려고 노력했다. 되는 것과 되지 않는 것을 분명히 인식했다. 크고 멋진 동작들이 아니라 가장 기본적인 동작에 더욱 힘을 쏟았다. 엉덩이 근육이 정상적으로 회복되지 않았고 그 결과 골반이 틀어져 버렸으니 기본 동작들도 많이 흐트러진 상태였다. 다시 한 호흡, 한 동작 기초부터 진실하게 해 나갔다. 이전과 다른 마음으로 동작들을 대하니 기본 동작들도 달리 느껴졌다. 단순하다고 여겼던 동작들이 단순하지 않았다. 오히려 그 단순함 속에 모든 것이 들어 있었다. 덜어내니 보이기 시작했다. 깎아내니 깊어졌다.

 휘황한 광채를 발하는 보석도 땅속에 있을 때는 그만큼 빛나지 않는다. 겉에 붙은 흙 이외에도, 원석 속에 각종 불순물이 섞여 있기도 하기 때문이다. 원석이 빛나는 보석이 되기 위해서는 여러 과정을 거쳐야 한다. 광산에서 채굴된 원광석을 먼저 광물과 원석으로 분리해 낸다. 그중 다시 양질의 보석 원석을 선별해 낸다. 가공 용도에 맞게 절단하고 가공 형태를 그린 후 다시 원석의 외각 부분을 잘라낸다. 모양을 섬세하게 다듬고 표면을 매끄럽게 하여 눈부신 빛을 내뿜도록 연마 작업을 거친다. 아름다움과 광채를 위해 비록 크기가 작아지더라도 거치지 않을 수 없는 과정이다. 이것저것 불순물이 함유되고, 울퉁불퉁한 모양에 빛조차 제대로 반사하지 못하는 원석이라면 제아무리 크다한들 가치를 인정받기 힘들다. 내재된 가능성이 큰 원석도 여러 단계의 가공을 통해서 다듬어져야만 보석으로서의 가치를 인정받게 된다. 아름다운 보석이 되기까지 소요되는 많은 과정과 시간 중 가장 중요한 과정이 절단과 연마다. 군더더기를 덜어내고 깎아 내어야만 본질을 빛나게 할 수 있다.

 돌을 쪼고, 나무를 깎고, 원석을 연마하는 과정은 모두 불필요한 것을 덜어내는 과정이다. 처음에는 큰 덩어리를 제거하고 점점 작은 덩어리를 제거해 간다. 이 과정은 갈수록 세심하고 정교해진다. 마음을 들여다보는 것 또한 마찬가지다. 가장 먼저 드는 감정을 바라보고 다시 찬찬히 그 감정을 살펴야 한다. 지금 이 불편한 감정이 뜻대로 되지 않아 화가 나는 것인지, 차질이 생길까 봐 걱정되는 것인지, 잘하고 싶은데 못해서 속상한 것인지, 다른 사람을 못마땅해하고 있지만 실은 내가 싫어하는 나의 부분을 상대를 통해 발견한 것은 아닌지 등등. 물론, 작은 감정들일수록 깊고, 깊을수록 여러 가지가 섞여 있기 쉽기에 분별해 내기 힘들 수 있다. 지루하고 고통스러울 수도 있다. 하지만 바라보고 식별할 수 있다면 그것만으로도 이미 큰 덩어리를 제거한 것이나 다름없다. 시간을 들여 차분히 바라보고 다시 더 깊이 바라보아 마음을 어지럽히는 작은 불순물들까지 떼어내면 본래의 마음 상태를 찾을 수 있다.

 단순하고 절제된 동작들을 수련하며 마음을 쪼았다. 마음에 가득 껴 있는 불안, 조바심, 자책, 집착, 자만, 허영심이라는 악취 나는 감정의 덩어리들을 떼어내고 나자 수련 자체가 좋았던 그때의 마음이 드러났다. 빨리 무언가를 완성하겠다든지, 남에게 뽐내고 싶다든지, 선생님에게 칭찬받고 싶다든지 하는 따위의 마음이 아니라 그저 아사나를 하는 순간순간 내 몸의 감각을 느끼는 게 즐거웠던 그때. 하나하나 새로움에 눈 뜨던 그때의 마음이 다시 빛을 발했다. 그랬다. 나는 그냥 요가 하는 게 좋았다. 요가 자체가 좋았고, 요가 수련이 즐거웠다. 즐겁게 하다 보니 발전이 있었고 성취가 있었던 것뿐. 어떤 결과를 미리 예감하고 기대하며 한 것이 아니었다. 겹겹이 싸고 있던 것들을 걷어내자 마침내 마음이 가벼워졌다.

4. 중력을 거스르는 해방감

살람바시르사아사나
:머리 서기 자세

1. 무릎을 꿇어앉은 후 상체를 숙여 팔꿈치를 바닥에 댄다. 양손으로 반대쪽 팔꿈치를 잡아서 양팔의 간격을 어깨너비로 만든다.

2. 손을 풀어 깍지를 낀 후 그 상태로 손날을 바닥에 놓는다. 뒤통수가 깍지 낀 손바닥 속에 들어가도록 정수리를 바닥에 둔다.

3. 무릎을 편 후 점점 발을 몸쪽으로 당겨와 엉덩이가 머리와 일직선이 되게 한다.

4. 숨을 내쉬면 발끝이 바닥에서 떠오른다. 복부의 힘으로 천천히 다리를 들어 올린다.

5. 등을 수직으로 세우고, 아랫배와 엉덩이에 힘을 주고, 다리와 발은 하늘을 밀어내는 느낌으로 위를 향해 힘을 뻗는다.

깍지 낀 손과 정수리, 양 팔꿈치가 삼각형을 이루어야 균형을 쉽게 잡을 수 있다. 손깍지가 풀리거나 팔꿈치가 벌어지면 어깨나 목에 무리가 갈 수 있다. 어깨가 짓눌리지 않도록 복부와 엉덩이에 힘을 준다.

수련의 모든 순간이 좋지만 그중에서 특히 더 좋아하는 순간이 있다. 살람바시르사아사나 일명 물구나무 또는 머리 서기를 할 때다. 머리 서기를 하기 위해 발을 몸쪽으로 점점 가까이 가져오다 보면 어느 지점에서 발이 땅에서 떨어지는 순간이 있다. 그 순간을 가장 좋아한다. 내가 억지로 바닥에서 발을 떼어내는 것이 아니라 저절로 발이 들어 올려지는 그 느낌이 참 좋다. 땅에서 떨어진 발과 다리가 호흡에 맞춰 하늘로 곧게 올라가는 그 느낌은 그야말로 '두둥실' 그 자체다. 모든 속박의 사슬을 끊고 한없이 자유롭게 떠날 수 있을 것만 같다. 그래서인지 풍선이 떠오르듯 바닥에서부터 머리 위까지 다리가 떠오르는 그 과정은 처음 해낸 그 순간부터 지금까지 늘 즐겁다. 그 기분을 최대한 오래 느끼고 싶어 가능한 한 천천히 숨을 들이쉬고 내쉬면서 천천히 다리를 올린다.

물론 처음부터 살람바시르사아사나를 가뿐하게 할 수 있었던 것은 아니다. 요가원에 다닌 시 얼마 되지 않았을 때였다. 선생님께서 수업의 끝에 살람바시르사아사나를 시키셨다. 요가원에 다닌 지 몇 달도 아니고 며칠 지났을 뿐인데 갑자기 거꾸로 서야 한다니. 어릴 때도 딱히 물구나무를 서고 놀아본 기억이 없기에 당황했다. 하지만 선생님께서 한 명, 한 명 넘어지지 않도록 잡아주셨기에 겁을 내진 않았다. 선생님의 큐잉에 맞춰 바닥에 팔을 대고 손깍지를 끼고 머리를 놓고, 마지막으로 다리를 차올렸다. 선생님이 끝까지 올라가지 않는 다리를 잡아 올려 주셨다. 그렇게 발을 벽에 붙이고 허리를 살짝 젖힌 상태로 비스듬히 벽에 기대어 섰다. 한동안은 선생님의 도움을 받아야 했으나 언제부턴가 혼자서도 넘어지지 않고 끝까지 다리를 차올려 벽에 발을 붙일 수 있게 되었다. 하지만 넘어야 할 산은 여전히 남아 있었다. 정수리의 정확한 위치를 잡지 못해 목이 아프기도 했고, 등과 복부의 힘이 부족해서 팔로 버티느라 어깨가 아프기도 했다. 또한 발을 벽에 대고 있으려니 허리가 아파서 오래 있기도 힘들었다(머리 위치는 벽에서 두 뼘 이상 떨어져 있는데 발을 벽에 붙이려면 허리가 뒤로 살짝 젖혀지게 된다).

우르드바다누라아사나(그림 2-4 바퀴 자세) 때처럼 여러 책과 블로그, 영상 등을 찾아보고, 연습에 연습을 반복했다. 점차 흔들림 없이 정수리의 위치를 잡게 되고, 코어 근육의 힘이 생기기 시작했다. 안정적으로 자세를 유지할 수 있게 되자 다음 단계로 나아가고 싶어졌다. 벽에서 발을 떼는 연습을 하기 시작했다. 한쪽 발씩 번갈아가며 감각을 익혔다. 그럼에도 두 발을 모두 벽에서 떼기란 쉽지 않았다. 앞이나 뒤로 넘어지는 건 차라리 괜찮다. 앞으로 넘어지면 그냥 몸을 숙여 발을 땅에 대면 되고, 설령 뒤로 넘어진다 하더라도 벽에 발이 닿을 것이다. 문제가 되는 것은 흔들리는 다리 때문에 균형을 잃고 옆으로 쓰러질 때다. 옆으로 넘어지면서 목이 옆으로 꺾이는 것도 겁나지만 그것보다 더 큰 일은 옆자리의 사람과 부딪힐 수도 있단 거였다. 줄줄이 쓰러지는 도미노 사태가 일어날 수도 있었다. 나 하나로 인해 대형 참사가 일어날 수도 있기에 더욱 겁이 났다. 그렇다고 언제까지나 벽에 붙어 있을 수는 없는 노릇이었다. 긴장하지 않고 호흡을 안정시키는 데 집중했다. 안정된 호흡으로 바로 서 있는 내 모습을 얼마나 그렸는지 모른다. 자연스럽고 편안해진 호흡과 함께 코어 힘과 위아래로 뻗어가는 각기 다른 힘의 방향성을 터득하게 되자 마침내 벽에 기대지 않고 서게 되었다. 내가 원하는 내 모습을 생생하게 느끼고 그러한 자신을 믿었기에 가능했다.

발을 떼고 설 수 있게 되자 다시 그다음 단계를 시도해 보고 싶어졌다. 발을 벽에 붙였다가 떼지 않고 처음부터 두 다리를 동시에 들어 올려 바로 서기. 『요가 디피카』를 보며 방법을 읽고 또 읽고 머릿속으로 수십 번 반복했다. 차마 겁이 나서 집에서는 연습하지 못하고 요가원에서 시도하며 익혔다. 두 다리를 동시에 올리다가 호흡이 딸려서 바닥으로 떨어트리기도 수십 번, 멈춰야 할 위치를 넘겨 허리가 뒤로 젖히면서 발이 벽에 부딪히기를 또 수십 번이었다. 얼마나 시도했을까. 마침내 쭉 뻗은 두 다리를 들어 올려 일직선으로 섰을 때, '아! 됐다.' 마음속에서 작은 탄성이 터져 나왔다. 비로소 '내가 바라는 나'로 가는 첫발을 뗀 듯했다. 십 년의 수련 기간 중 선명한 몇 장면이 있다. 처음 꿈의 아사나우파비스타코나아사나에서 가슴이 바닥에 닿았을 때, 아르다찬드라아사나(반달 자세)에서 몰입을 경험했을 때, 나타라자아사나(춤의 왕 자세) 연습 중 발에 손이 닿았을 때… 각각의 감동이 모두 다 달랐고, 하나같이 이루 말할 수 없는 것이지만 가장 짜릿한 순간을 꼽으라면 바로 이때가 아닐까 싶다.

 일직선으로 중심이 잘 잡히면 거꾸로 서 있더라도 내 몸의 무게도, 어떤 힘도 느껴지지 않는다. 위로 몸을 끌어올리는 힘과 중력에 의해 아래로 내려오는 무게가 서로 상쇄되는 것 같다. 아무런 힘이 들지 않기에 시간이 가는 것도 모른 채 한참 부동(不動)을 유지할 수 있게 된다. 그러면 머릿속 저 깊은 곳에 퇴적되어 있던 잡념들이 쓰레기통을 뒤집어 털듯 쏟아져 나온다. 불필요한 자극들, 그로 인해 생긴 원치 않는 감정의 쓰레기들, 거짓과 참을 구별하기 애매한 값싼 정보들, 그에 기댄 잘못된 사고와 판단의 파편들…. 이 모든 것들이 잡념이고 정신적인 독소다. 들숨에 실어 날숨에 남김없이 비워낸다. 어지럽혀져 있던 머릿속이 깨끗하게 정화되고 리셋된다. 고요해지고, 깨끗해진 머릿속은 마치 새로 태어난 듯, 모든 것이 정돈된 느낌을 준다. 뒤집혔다가 바로 선 것은 나인데 마치 세상이 엎어졌다가 새로운 모습으로 바로 선 것만 같다.

요가 수업의 마지막은 늘 살람바시르사아사나다. 덕분에 하루에 한 번, 불필요한 것들은 버리고 필요한 것들만 남기며 조금씩 나를 더 가볍고 단순하게 만들어 간다. 머리 서기 하는 동안 느꼈던 그 가벼움과 해방감을 요가 매트 밖에서도 늘 느끼며 살고 싶다. 나의 몸과 마음이 무너지지 않고, 완벽한 균형을 이루는 순간이 요가 매트 위에서만 존재하는 것이 아니라, 내 삶의 모든 순간순간에 존재한다면 비로소 진정으로 자유로워지지 않을까.

5. 흐름에 몸을 맡기면

마츠야아사나
:물고기 자세

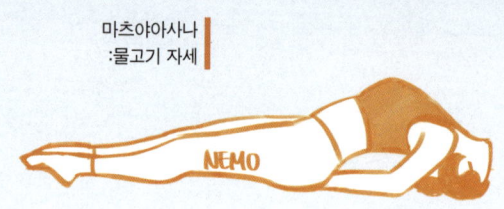

1. 파드마아사나(연꽃 자세)로 앉는다.

2. 파드마아사나를 유지한 채 손과 팔로 바닥을 지지하며 등을 바닥에 대고 눕는다.

3. 팔꿈치를 접어 가슴 옆에 붙이고 살짝 주먹을 쥔다. 숨을 내쉬며 팔꿈치로 바닥을 밀어내며 등 근육을 수축시켜 가슴을 높이 들어 올리고 머리를 뒤로 젖혀 정수리를 바닥에 댄다.

4. 손으로 허벅지 위에 놓여 있는 발을 잡는다. 가슴을

활짝 열고 호흡한다.

파드마아사나로 앉아서 눕기 힘들다면 다리를 편 상태로 눕는다. 다리를 모은 후 양팔을 몸에 붙이고 팔꿈치를 가슴 옆에서 굽힌 후 양손을 엉덩이 밑에 놓고 가슴과 머리를 들어 올린다. 가슴을 활짝 펴서 여는 감각을 느낀다.

주말이면 온 가족이 모여 같이 영화를 본다. 일명 가족극장. 그러나 고등학생이 된 큰 아이와 아직 초등학생인 작은 아이 둘 다 만족시킬 영화를 고르기가 쉽지 않다. 특히 요즘 영화들은 예전 영화들에 비해 자극의 강도가 더 강한 편이라 고르기가 어렵다. 자연히 나와 남편이 본 영화 중에서 아이들도 함께 관람할 수 있는 것들을 떠올리게 된다. 시간을 거슬러 선택한 영화 중 단연코 두 아이 모두 좋아한 영화가 있으니 바로 픽사의 「니모를 찾아서」이다. 크라운 피쉬 니모와 아빠 멀린이 사는 호주 그레이트 배리어 산호초의 아름다운 색감, 끊임없이 움직이는 물고기들의 지느러미, 바닷물 속의 신비로운 빛 표현까지. 다시 보아도 20년 전 작품이라고는 믿기지 않을 정도다.

특히 아들을 찾으러 가는 멀린과 동행 도리가 거북이들과 함께 호주 동부 해류(East Australian Current, EAC)를 타고 가는 장면은 영화의 여러 명장면 중에서도 가장 좋아하는 장면이다. 이

장면은 3D로 재개봉했을 당시 픽사 제작진들이 꼽은 명장면 BEST 3에도 들어갔다고 한다. 빠르고 거센 물결과 그 속에서 속도를 즐기며 헤엄치는 거북 무리의 움직임이 역동적이기 그지없다. 그뿐만이 아니다. 해류를 타는 장면은 이야기의 흐름에도 큰 변곡점이 된다. 멀린과 도리의, 기상천외한 여정이 거북들에 의해서 온 바다에 널리 퍼지게 되고 결국, 시드니의 한 치과 어항에 갇혀 있던 니모에게까지 전해지게 된다. 여기서부터 아들을 구하겠다는, 절실하나 성공 여부를 알 수 없던 무모한 모험에 희망이 보이기 시작한다.

  영화 속에 나오는 호주 동부 해류는 호주 동북부의 세계 최대 산호초 그레이트 배리어에서 시드니까지 수백만 킬로미터를 단숨에 건너게 해주는 직경 수십 킬로미터의 바닷속 강이다. 최대 시속 7킬로미터로 바닷속을 흐르기에 마치 속도제한이 없는 물고기들의 고속도로와 같다. 이 아우토반에서 흐름에 역행하려 하면 어떻게 될까. 아무리 안간힘을 써도 해류를 거슬러 앞으로 나아가는 것을 불가능할 것이다. 작은 물고기는 말할 것도 없거니와 끝없이 밀려드는 거친 물살의 압력을 견디기란 상어라도 쉬운 일이 아닐 것이다. 제자리걸음만 반복하다 끝끝내 힘이 다 빠져 버릴지도 모른다. 멀린도 처음에는 해류에서 빠져

나가려 했다. 그러나 애쓰면 애쓸수록 해류 속에서 중심을 잃고 이리저리 휩쓸렸다. 그러다 옆에서 물살을 타는 거북의 조언을 듣고 몸을 해류에 맡겼다. 마침내 해류의 흐름을 타게 되었고, 그 결과 단시간에 시드니에 도착하여 아들을 찾을 기회를 잡을 수 있었다. 흐름을 거스르지 않고 흐름에 올라타야 비로소 가능성을 현실로 만들 수 있다.

어느 날 블로그 이웃 중에 검도 사범님이 있다는 것을 알게 되었다. 그분이 올리신 글 중 검도의 수류(受流)에 관한 내용을 보았다. 마침 이 글을 쓰던 때라 깊이 공감했다. 허락을 받고 글 일부를 공유해본다.

 검도에는 수류(受流)라는 것이 있다. '받아 흘린다'라는 뜻인데, 상대방의 칼이 내게 날아올 때 정면으로 막아내거나 피하는 것이 아니라 내리치는 칼의 힘을 내 칼의 능각(칼등의 비스듬한 각도)으로 받아 자연스럽게 흘려내 몸을 타격 중심에서 벗어나게 만드는 것을 말한다. 정면으로 부딪치면 상대 칼의 내리치는 힘이 내 칼에 전해져 칼이 부러지거나 그 이후 내게 상해를 입힐 수 있다. 피하는 게 어지간히 빠르지 않으면 상대의 공격에서 벗어나지 못하고 당하게 된다. 오히려 공격해 오는 상대 방향으로 자연스럽게 움직이며 받아 흘리면 상대의 공격을 피할 수 있을 뿐만 아니라 그 이후 상대의 틈을 발견하여 반전의 기회로 만들 수도 있다.°

 검도는 두 사람의 대결이다. 칼을 맞댄 상황의 흐름을 읽어내는 것만으로는 부족하다. 중요한 것은 상황의 흐름에 얼마나 잘 맞추어 나가느냐, 혹은 그 흐름에 얼마나 잘 적응하느냐이다. 흐름을 내 것으로 만들 수 있을 때 승산이 생긴다.

 요가는 혼자 하는 수련이지만 또한 다르지 않다. 요가 수련은 언제나 불완전하다. 같은 자세라도 매번 닿을 수 있는 곳이 달라진다. 항상 같은 상태를 고집할 수 없다. 오늘의 기분, 날씨, 심지어 아침에 먹은 음식 하나에 따라 컨디션이 달라질 수 있다. 그날 그날의 내 몸을 잘 읽고 내 몸의 상태를 잘 이해할 수 있어야 한다. 지금 내가 놓여있는 상황, 지금 나의 상태를 인정하고 존중하면서 지금 내가 할 수 있는 만큼 착실하게 해나가는 것, 그것이 바로 흐름에 몸을 맡기는 것이다. 그 흐름에 부드럽게 올라타고 나아가다 보면 새로운 변화가 자연스레 펼쳐질 것이다.

일찍이 노자는 상선약수(上善若水)라 했다. 최고의 선은 물과 같다는 뜻이다. 물은 자연의 흐름에 맞추어 흘러간다. 높은 곳에서 아래로, 장애물이 있으면 돌아서, 웅덩이를 만나면 채우며, 변화에 맞서지 않고 주어진 상황을 받아들이며 자연스럽게 자신의 길을 찾아 흘러간다. 욕심과 집착을 내려놓고, 나의 현재를 받아들인다. 나는 지금 어떤 변화의 흐름 속에 있을까. 어떤 새로운 기회를 마주하게 될까. 변화의 흐름에 맞서고 저항하며 애쓸수록 삶은 힘들어진다. 자신을 믿고 변화의 흐름에 나를 맡길 때 비로소 삶은 여유로워지고 온전해진다.

 해류를 타고 거침없이 나아가는 한 마리의 자유로운 물고기를 떠올리며 마츠야아사나를 수련한다. 자세를 유지한 채 호흡하며 워터파크 유수 풀에 누워 있는 상상을 한다. 몸에 힘을 빼고 물의 흐름에 몸을 동동 띄워 놓는다. 마음이 가벼워진다.

○ 참고문헌: 네이버 블로그「부자아빠가 되려고 하는 '진짜 리치아빠'의 블로그」by 리치아빠

6. 한쪽 문이 닫히면 다른 쪽 문이 열린다

파리가아사나
:빗장 자세

1. 발목을 모은 채 무릎을 꿇는다.

2. 숨을 내쉬며 오른쪽 다리를 옆으로 쭉 뻗는다. 숨을 들이쉬며 양팔을 하늘로 뻗는다.

3. 숨을 내쉬며 몸을 오른쪽으로 기울인다. 오른쪽 손바닥이 위로 향하게 하여 오른쪽 정강이 위에 둔다.

4. 숨을 내쉬며 오른쪽 귀가 오른팔에 닿도록 몸을 더 기울인다. 왼팔과 몸의 왼쪽 측면을 쭉 뻗어 왼 손바닥이 오른 손바닥에 닿게 한다.

5. 호흡을 유지한 후, 숨을 들이쉬며 2번 자세로 돌아온 후 다리를 모으고 팔을 내린다.

6. 반대쪽도 동일하게 한다.

측면으로 상체를 기울일 때 엉덩이가 뒤로 빠지지 않도록 주의한다. 왼쪽 옆구리를 억지로 늘리기보다 숨을 내쉬면서 아랫배를 수축시키면 접히는 오른쪽 옆구리에 공간이 만들어지면서 더욱 깊은 자세를 만들 수 있다. 상체를 기울여 왼 손바닥을 오른 손바닥에 놓기 힘들 경우 왼팔을 머리 위로 곧게 뻗어 자세를 유지한다. 상체를 더 많이 기울이기 위해 가슴을 아래를 향하지 않도록 한다. 덜 기울여지더라도 가슴을 바로 펴는 것이 중요하다.

대부분의 경우 원하지 않는 일이 일어났을 때, 부정하고 탓을 하기 쉽다. 왜 나에게, 왜 하필 이런 일이, 무엇 때문에, 뭐가 잘못 되어서 내게 이런 일이 일어난 거지…. 하지만 이렇게 생각하면 할수록 더욱 상황에 매몰되기만 한다. 빠져나오기는커녕 점점 우울함과 자책의 늪에 빠져 들 뿐이다. 실제 늪에 빠졌을 때 발버둥치면 칠수록 더 빨리 가라앉는다고 한다. 침착하게 천천히 움직여 온몸에 힘을 빼고 엎드려 몸이 뜨면 기어서 혹은 헤엄치듯 빠져나와야 한다. 흔히 생각하듯 있는 힘껏 발을 빼내려고 애쓰는 것이 아니라 반대로 힘을 빼야 한다. 다르게 생각하는 힘이 필요하다. 스트레스의 늪에서 빠져나오는 것 또한 마찬가지다. 계속 그 생각에만 붙들려 있으면 더욱 깊이 들어가 헤어 나오기 힘들어진다. 시야가 좁아지고 다른 것은 생각하지 못하게 된다. 마음을 가볍게 먹고 다른 방향으로 시선을 돌려보는 것이 필요하다.

유튜브 세바시 강연을 즐겨 본다. 15분 전후의 길지 않은 시간에 다양한 사람들의 다채로운 삶의 이야기들과 지혜를 들을 수 있어서 좋아한다. 그중 오랜 시간이 지나도 수시로 생각나는 강연이 하나 있다. 2021년 초에 올라온, 지나영 존스홉킨스 대학의 소아정신과 교수의 강연이다. 그녀는 인생에서 일어나는, 나의 의도와는 무관하게 일어나는 씁쓸한 일들을 어떻게 헤쳐 나가는지, 어떤 생각과 태도로 대처해야 하는지를 자신의 이야기를 통해 들려주었다. 강연 중 그녀가 소개한 문장 하나가 마음에 새겨졌다.

"When life gives you lemons, make lemonade."

레몬은 시큼하고 써서 그냥은 먹기 힘들다. 그렇기에 미국에서는 못 먹는 것, 나쁜 것을 레몬에 비유한다고 한다. 그녀는 대체 왜 내 삶은 내게 레몬을 던져주는가 자책하며 우울해하는 대신, 삶이 던져 준 레몬을 전혀 다른 가치를 가진 것으로 업그레이드시키라고 이야기했다. 원하지도 않는 레몬을 왕창 받게 되었을 때, 레몬에 파묻혀 함께 썩어 가거나 레몬즙에 절여져 질식하는 대신, 그 레몬으로 청량한 레모네이드를 만들란다. 시고 쓴맛을 달콤하고 시원한 맛으로 바꾸라고 말이다. 레몬으로 레모네이드를 만드는 것은 전혀 낯선 일이 아님에도 불구하고 이 문장이 참 신선하게 느껴졌다.

 나의 의도와 전혀 상관없이 일어난 일에서도 의미를 찾아내고 그것을 발판 삼아 더 나은 상황으로 변화시킬 수 있다면, 내가 자초해서 벌어진 상황을 좀 더 나은 방향으로 바꾸는 건 훨씬 쉽지 않을까. 어디서부터 무엇이 잘못된 것인지 알고 있으니 분명 훨씬 더 쉽게 방법을 찾을 수 있지 않을까. 레모네이드 만들기에서 그 방법을 찾아보기로 했다.

 레몬을 가만히 둔다고 해서 저절로 레모네이드가 만들어지지 않는다. 먼저 레몬에 베이킹소다를 묻혀 씻고, 굵은 소금으로 문지르고, 뜨거운 물에 살짝 굴려 겉에 입혀진 왁스를 제거해야 한다. 이 번거로운 과정을 한 번 더 반복한다. 그런 다음 적당한 두께로 썰고 씨를 빼내야 한다. 그런 후 켜켜이 설탕을 넣어 레몬청을 만든 후 숙성시켜야 한다. 숙성된 레몬청에 탄산수와 얼음을 넣어 시원하게 만들어 내면 그제야 상큼한 레모네이드가 된다. 레몬을 레모네이드로 만드는 것은 여러 단계의 수고와 시간이 필요로 하는 일이다. 무엇보다 그 귀찮은 여러 단계를 해내겠다는 자신의 의지가 있어야 한다. 아니 그 전에 떫고

신 맛을 달콤하고 시원한 맛으로 변화시키겠다는 새로운 사고를 해야 한다. 레몬 더미를 넋 놓고 바라만 보고 있어서는 아무것도 만들어 낼 수 없다. 눈앞에 놓인 레몬 더미에서 잠시 눈을 떼고 다른 방향, 더 먼 곳을 바라보아야 한다.

 지금껏 겉으로 드러나는 아사나의 모습을 완성하는 데 집중해 왔다. 그러나 앞으로는 방향을 달리해보기로 했다. 보이지 않는 나의 몸속으로 시선을 돌렸다. 아사나를 할 때 어떤 근육이 어떻게 움직이는지, 골격은 아사나에 어떤 영향을 미치는지, 어떻게 하면 관절과 인대 등 결합조직을 다치지 않을 수 있는지 알아야겠다고 생각했다. 요가 해부학 책을 펼치고 근육을 어떤 방향으로, 어떤 식으로 움직여야 하는지 그림과 해설을 꼼꼼히 읽었다. 나의 부족한 중국어 탓에 엉덩이를 다쳤을 때의 상황과 증상을 잘 설명하지 못했기에 일부러 중국어로 된 책을 사보았다. 복잡한 획수의 글자를 한 자 한 자 그려가며 사전을 찾아 읽었다. 우리말로도 생소했던 근육의 이름, 뼈의 이름을 익혔다. 그러자 수업 중에 선생님이 하시는 설명이 한결 더 이해하기 쉬워졌다. 선생님의 자세를 모방하며 겉으로 따라 하던 것에서 벗어나기 시작했다. 내 몸이 어떤 식으로 움직이는지 더욱 면밀하고 섬세하게 느껴지기 시작했다. 몸을 움직일 때 의도대로 근육을 움직이는 데 더욱 주의를 기울일 수 있게 되었다.

후굴을 할 때 이전에는 더 많이 뒤로 넘어가는 것에 신경을 썼다면 이후론 앞면의 근육이 어떻게 늘어나는지 예민하게 감각했다. 중둔근의 수축으로 골반과 치골이 어떤 움직임을 보이는지, 그로 인해 허리에 얼마나 여유 공간이 생기는지 생생하게 느끼게 되었다. 호흡에 맞추어 근육의 이완과 수축이 얼마나 달라지는지 명확하게 느끼게 되었다. 들숨에 복직근이 얼마나 이완되며, 흉곽이 얼마나 확장되고, 날숨에 복사근과 광배근이 얼마나 수축되며, 몸의 공간이 어떻게 변화하는지 느끼게 되었다. 나의 내부를 느끼는 고유감각이 활성화되면서 더욱 호흡에 집중하게 되었다.

물론 운동을 책으로 익힐 수는 없다. 운동은 몸을 움직이는 것이고, 몸을 움직여야만 하는 것이니까. 책으로 몸의 움직임을 이해했다고 해서 바로 그 아사나를 행할 수 있다거나, 교본의 최종 자세까지 단번에 도달하게 되는 일은 당연히 일어나지 않는다. 그러나 이론을 이해하고 의도적으로 근육의 감각에 집중하게 되면 아사나의 깊이가 달라진다. 조금 더 곧고 단정한 모습으로 수련할 수 있게 된다. 조금 더 안정되고 고요하게 머무를 수 있게 된다. 겉으로 드러나는 변화는 크게 눈에 띄지 않을 수 있지만 스스로는 안다. 내가 어제보다 얼마나 달라졌는지, 오늘 나의 몸이 어디까지 나아갈 수 있는지, 어디에서 멈추어야 하는지. 단지 통증 때문에, 단지 그저 힘들다고 느끼기 때문에 멈추는 것이 아니라 진정한 몸의 말을 들을 수 있게 된다.

 내 몸을 이해할 수 있게 되자 남의 몸도 조금씩 보였다. 전에는 다른 사람들의 '아는데 몸이 안 따라준다.'라는 말을 이해하지 못했다. 그저 모르기 때문에 그러는 거라고 오만하게 생각했다. 이제는 그 말이 무슨 뜻인지 누구보다 잘 안다. 덕분에 함부로 판단하지 않게 되었다. 부상의 경험과 우울의 구렁텅이에서 벗어난 후, 조금은 더 남을 대하는 마음이 부드러워졌다고 생각한다. 불완전함과 불균형이 오히려 당연한 것이라는 깨달음, 그럴 수 있다는 인정과 공감, 누구도 다치지 않았으면 하는 바람이 생겼기 때문이다.

 요즘은 선생님을 도와 가끔 시범을 보이기도 하고 수업에 새로 오는 회원들을 도와주기도 한다. 전 같았으면 그저 교과서적인 방법만을 이야기했을 텐데 이제는 그 사람의 몸을 먼저 본다. 등 뒤로 어느 정도 팔을 보낼 수 있는지, 다리를 얼마나 펼 수 있는지, 근력이 얼마나 되는지 그 사람의 현재와 가능성을 살핀다. 그다음에 필요한 도구를 건네주거나 무리하지 않고 가동범위를 늘릴 수 있게 핸즈온을 해 주거나, 수업이 끝난 후 그 사람에게 유용한 팁이나 영상을 알려주기도 한다.

"한쪽 문이 닫히면 다른 문이 열린다. 그러나 우리는 종종 닫힌 문을 너무 오래 바라보느라, 열린 문을 보지 못한다." 헬렌 켈러의 말이다. 닫힌 문만 계속 바라보고 있으면 다른 쪽의 문이 열리는 것을 보지 못한다. 다른 방향으로 시선을 돌려야 한다. 고개를 살짝 옆으로 돌려 시선을 옮기면 다른 문들이 보인다. 그중에는 저절로 열리는 문도 있을 것이며, 내가 그 앞으로 걸어가 힘껏 밀거나, 손잡이를 돌려 열어야 하는 문도 있을 것이다. 물론, 저절로 열리는 문이든 내가 연 문이든, 문밖에 무엇이 펼쳐질지는 그 문 속으로 들어가 봐야만 알 수 있다. 하지만 불확실하다고 해서 아무것도 선택하지 못하고 여전히 닫힌 문만 하염없이 쳐다보고 있는다면 아무 일도 일어나지 않는다. 누가 알겠는가. 새로운 문 뒤의 세상이 그토록 꿈꾸던 세상일지.

레몬을 레모네이드로 만드는 것은 다른 문을 열고 새로운 세계로 나가는 것과 같다. 살다 보면 좋은 일뿐만 아니라 나쁜 일도 일어날 수 있고, 고대하던 일부터 바라지 않던 일까지 다양한 일이 일어날 수 있다. 그러나 무엇이 되었든 그 경험으로부터 무엇을 배우고 얻을 수 있을지 깊은 성찰을 한다면 그 일은 그냥 내게 벌어진 일이 아니라 나를 위해 일어난 일이 될 수 있다. 조금만 시선을 돌려보자. 내 앞에 나의 선택을 기다리고 있는 혹은, 이미 활짝 열려 있는 문이 보일 것이다.

나만의 속도와 방향으로
나아갑니다

1. 알파이자 오메가

사바아사나
:송장 자세

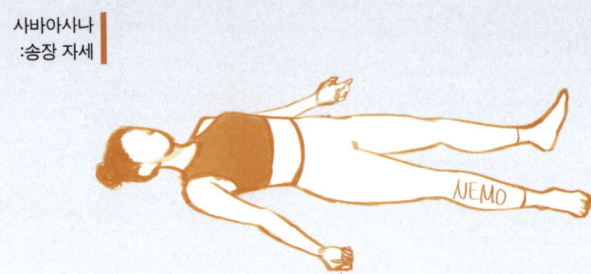

〜〜〜

1. 바르게 눕는다. 다리는 골반 혹은 매트 넓이만큼 벌리고 발은 자연스럽게 둔다. 손바닥을 위로 향하게 해서 허벅지 근처에 둔다.

2. 턱을 살짝 당기고 눈을 감고 천천히 가늘게 숨을 쉰다. 발끝, 발목, 종아리, 허벅지, 고관절, 골반, 복부, 가슴, 척추, 손끝, 팔, 목, 턱, 얼굴, 정수리까지 차례로 온몸의 힘을 빼고 긴장을 푼다.

깊고 고른 호흡을 하지만 인위적으로 호흡을 조절하지

않는다. 바로 눕기가 불편할 경우 무릎 아래 쿠션이나 담요를 말아 받치면 허리가 편안해진다. 바닥이 차갑다면 담요를 깔고 그 위에 누워 냉기로부터 몸을 보호한다.

아사나를 수행하면 교감신경이 활성화되어 심박수와 호흡수가 증가한다. 스트레스 상황에 대한 반응으로 근육에 에너지가 집중되어 근육이 긴장한 상태가 되기도 한다. 또한 평소 곳곳에 뭉쳐서 막혀있던 기운들이 흐르게 되면서 잠시나마 심신이 불안정해지기도 한다. 활성화된 교감신경을 적절한 휴식을 통해 안정시켜야 한다. 여러 아사나를 집중해서 수행하는 것 못지않게 잘 쉬는 것도 중요하다. 요가 수련을 사바아사나로 마무리하는 이유다.

사바(Sava)는 시체를 의미한다. 마치 시체처럼 꼼짝도 하지 않고 누워서 그저 숨만 쉬는 것이다. 깊은 호흡으로 맥박을 안정시켜 부교감 신경을 활성화시킨다. 한 시간 동안 비틀고 늘리고 수축시키고 힘을 주었던 근육들이 사바아사나를 통해 편안한 휴식을 취한다. 깊은 호흡으로 시작해서 차츰차츰 더 길고 가늘게, 호흡을 느끼지 못할 만큼 섬세하게 숨을 쉰다. 점점 심신이 모두 이완되고 평온해진다. 수련 중 소모된 에너지를 회복하고 수련으로 생긴 좋은 에너지를 잘 갈무리한다. 문장에 마침표가 필요하듯 수련의 끝에는 반드시 사바아사나가 필요하다.

 가만히 누워 온몸에 힘을 빼는 것이니 얼핏 보면 아사나라고 할 것까지 있나 싶다. 하지만 2004년 타임지에서 세계에서 가장 영향력 있는 사람 100명 중에 한 사람으로 선정된 요가 지도자 B.K.S 아헹가는 그의 저서 『요가 디피카』에서 '외형적으로 쉽게 보이는 이 자세는 체득하기에는 가장 어려운 동작'이라고 말한다.° 『요가 디피카』를 보면 과연 인간의 몸으로 가능한가 싶은 아사나 사진들이 꽤 많이 등장한다. 눈으로 보고도 믿을 수 없는 수많은 자세들을 다 제쳐놓고 그저 누워 있기만 하는 이 자세가 왜 가장 체득하기 어렵다는 것인지. 여기저기 뻐근하고 결리는 몸을 꼼지락거리고 싶은데 가만히 있어야 해서? 물론 혀도 눈동자도 움직이지 않고 가만히 있어야 한다는 건 생각보다 쉬운 일이 아니다. 하지만 더 중요한 이유가 있다.

 사바아사나는 므르타아사나라고 불리기도 한다. 므르타(Mrta)는 죽음을 의미한다. 이 아사나를 수행할 때 육체는 죽은 듯하나, 의식은 겨울 밤하늘의 별처럼 또렷하고 마음은 맑은 호수처럼 고요해야 한다고 아헹가는 말한다. 여기에 답이 있다. 한 시간 동안의 고된 아사나 수련 후 노곤해진 몸은 달콤한 휴식을 맞아 잠에 빠져들기 쉽다. 또렷한 의식으로 몸을 바라보기 힘들다. 반대 경우도 있다. 몸은 쉬는데 머릿속은 전혀 쉬지 못하는 경우도 많다. 허리가 아프네, 햄스트링이 당겨, 엉덩이랑 고관절이 따끔거리고 신경 쓰이는데 괜찮을까, 오후에 약속이 있었지, 뭐 먹으러 갈까, 저녁은 뭘 하지, 이번 주말에 애들 데리고 어디 갈까, 세탁기 A/S 신청해야 하고, 맞다, 집에 가는 길에 치약 사야지, 밖에 경적 소리가 너무 시끄럽네 등등. 단 1초도 아무 생각 없이 조용히 있기란 거의 불가능에 가깝다. 두서없이 휘몰아치는 생각의 소용돌이 속에서 마음을 고요하게 유지하기란 양자역학에서 말하는 살아 있으면서 죽어 있는 슈뢰딩거의 고양이와 같다. 그렇기에 아헹가는 이 아사나를 가장 체득하기 어려운 동작이라 말한 것이리라.

"출렁이는 잡념을 소멸시킨다면, 자신을 객관적으로 목격하는 진정한 자신이 굳건히 자리 잡을 것이다."[8] 『요가수트라 삼매편』의 「제 3경구」다. 매 순간 일어나는 온갖 잡념을 소멸시키고, 그리하여 진정으로 고요한 자아를 찾는 과정이 요가다. 원래 요가는 인도 6대 철학 중 한 갈래다. 아사나는 육체의 수련을 통해 마음을 닦는 요가의 도구다. 단순히 건강과 미용에 국한된 운동이 아니다. 아사나 수련의 궁극적인 목적은 바로 잡념이 소멸된 평온한 마음이다. 다른 아사나들이 몸을 움직임으로써 외부 자극이 아닌 나의 몸에서 느껴지는 감각에 집중해 잡념을 잠재운다면, 사바아사나는 육체를 죽은 듯 가장 편안한 상태로 둠으로써 내 몸을 느끼는 내부감각조차 모두 잠재운다. 그리하여 마음에 부는 모든 바람을 소멸시키고 잔잔해진 마음속 호수를 고요히 지켜보는 것이다.

물론 처음부터 잡념 없이 무념무상의 상태로 들어갈 수는 없다. 이런저런 잡념이 떠오르면 우선 저항하지 않고 실컷 생각을 따라간다. 그러다 보면 어느 쯤에 저절로 아주 찰나의 순간 틈이 생길 때가 있다. 그때를 놓치지 말아야 한다. 익숙해지기 전까지는 알아챔과 동시에 다른 잡념이 올라올 것이다. 자꾸 잡념에 마음이 휩쓸리던 초반, 내가 하던 방법이 있다. 풍선을 머릿속에 떠올린다. 좋아하는 핑크색 풍선이 내 들숨에 맞춰 부풀어 올랐다가 날숨에 쪼그라드는 걸 상상한다. 호흡과 풍선에 의식을 집중한다. 처음에는 풍선이 급하게 부풀었다가 급하게 바람이 빠질 것이다. 괜찮다. 그 모습에 초조해하지 않고 어떠한 판단도 하지 않고, 계속 머릿속에서 바라보다 보면 어느새 풍선이 부드럽고 완만하게 부풀어 올랐다가 천천히 줄어든다. 그때면 내 호흡도 같이 안정되어 있다. 익숙해지면 풍선 없이 폐의 움직임에 선명하게 집중할 수 있게 된다. 단지 위아래로만 움직이는 것이 아니라 갈비뼈 사이사이 숨이 들어가며 갈비뼈 사이가 멀어지는 느낌, 옆구리가 팽창하는 느낌, 등 뒤쪽이 부풀며 몸이 바닥에서 떠오르는 느낌이 동시에 느껴진다. 위아래로만 움직이는 것이 아니라 폐도 풍선처럼 360도, 3D 모든 방향으로 팽창했다가 수축한다. 이런 날들이 지나면 어느 날 더 이상 폐조차 의식하지 않게 되는 때가 온다. 숨 쉬는 것조차 의식하지 못할 때, 소위 말하는 멍한 상태가 바로 무념무상의 상태다.

  수업 시간에 수련을 열심히 한 날일수록 사바아사나에 더 깊이 빠져든다. 무념무상의 상태에 들게 되면 창밖에서 들려오는 소음도, 다른 사람들이 소곤거리는 말도, 내 마음속 소음도 더 이상 들리지 않게 된다. 죽음과도 같은 감각의 침묵 속에서 마침내 마음은 고요해지고 평정을 되찾는다. 가늘고 깊은 호흡을 통해 마치 깊은 잠, 끝없는 심연 속으로 침잠하는 것 같다. 때론 진공의 우주 속을 유영하는 기분이 들기도 한다. 무한한 공간 속에 아무런 무게도 느끼지 못하고 홀로 둥둥 떠다니는 느낌이다. 그렇다고 외롭다거나 쓸쓸한 느낌이 아니다. 편안해지고 충만함이 차오른다. 누구와도 공유되지 않는 순수한 나만의 내면의 세계에 침잠하게 된다. 그럴 때면 요가 수업의 끝을 알리는 선생님의 목소리가 아쉽기만 하다. 조금만 더 머무르고 싶은데. 마치 깊은 죽음에서 깨어나듯 천천히 의식을 몸으로 옮긴다. 새로 태어난 듯 몸도 마음도 산뜻하다. 끝은 새로운 시작의 매듭이 된다.

○ 참고문헌: 『요가 디피카』 p519. B.K.S 아헹가. 禪요가
❸ 『배철현의 요가수트라 강독 1 삼매』 p80. 배철현. 김영사

2. 허물을 벗고 새롭게 태어나다

부장가아사나
:코브라 자세

1. 매트 위에 엎드린 후 다리를 쭉 편다. 손바닥을 가슴 옆에 놓는다.

2. 숨을 들이쉬며 손바닥으로 바닥을 누르며 상체를 들어 올린다. 허리를 곧추 세운다기보다 척추를 늘리며 가슴을 활짝 여는 느낌에 집중한다.

3. 치골이 마루에 닿도록 유지하며 숨을 들이쉬며 가슴을 더 들어 올리고 고개를 자연스럽게 뒤로 젖혀 얼굴이 하늘을 향하도록 한다. 엉덩이와 허벅지에 힘을 주어 하체가 뜨지 않도록 주의한다.

어깨가 치켜 올라가 목과 어깨에 긴장이 발생하지 않도록 견갑골을 당겨 아래로 끌어내린다. 상체를 들어 올릴 때 팔의 힘보다 호흡과 복부의 힘을 사용한다. 척추를 부드럽게 늘리되 억지로 허리를 꺾지 않는다. 허리가 아프다면 세운 팔꿈치를 더 굽혀 상체의 각도를 조금 더 낮추도록 한다. 고개를 뒤로 넘길 때 목이 아프다면 정면을 바라보도록 한다.

'과거로 돌아갈 수 있다면?' 이란 질문을 던지면 대부분 돌아오는 답은 '~할걸.'이라고 한다. 해서 후회하는 것보다 안 해서, 못 해서 하는 후회가 더 크다고 하더니 맞나 보다. 그러나 아무리 애타게 '~할걸.' 하고 안타까워해 본들, 결국 바뀌는 것은 아무것도 없다. 후회에 또 후회만 더하는 것 빼곤. '그때 그런 바보 같은 선택이 아니라 제대로 된 선택을 했어야 했어.' 라고 아무리 자책해 본들, 그때 그 시간으로 돌아갈 수 없다. 지금의 상태를 원점으로 삼아 미래를 조금 더 낫게 만드는 노력을 하는 것, 후회할 일을 하나라도 줄이는 것이 최선의 방책이다. 물론 결과는 모른다. 확실한 것은 아무것도 하지 않고 가만히 있으면 달라지는 것이 없지만, 현재를 개선하려 노력한다면 최소한 더 나빠지지는 않으리라는 것이다.

언제나 최선의 선택, 훌륭한 모범 답안, 정답만 고를 수는 없다. 그때 그 선택이 비록 옳은 답이 아닐지라도 그 선택지 말고는 다른 대안이 없었을 수도 있다. 차악을 골라야 하는 상황이었을 수도 있다. 중요한 것은 어떤 선택이든 자신이 내린 선택으로 발생한 결과에 대한 책임을 지는 것이다. 결과를 예측하고 내린 선택이든, 그렇지 못한 선택이든, 그 결과가 예측과 맞든 다르든, 나의 선택에 따른 결과는 스스로 감내해야 한다. 부정하고 회피할 수도 있고, 상황 탓, 남 탓을 하며 떠넘길 수도 있다. 반면, 담담히 인정하고 받아들여 자신이 할 수 있는 그다음 일을 할 수도 있다. 어떤 선택이든 그 선택의 결과는 항상 열려 있다. 결과의 책임에 대한 나의 마음가짐과 태도가 선택을 좋은 것으로도, 나쁜 것으로도 만들 수 있다. 결과 앞에서 다시 한번 선택해야 한다. 후회와 후퇴를 선택할지, 수용과 나아감을 선택할지. 결과에 따른 책임은 때론 못내 감당하기 힘들 수도 있다. 그러나 한 발자국 한 발자국 묵묵히 나아간다면 현재를 조금씩 고쳐 나갈 수 있고, 미래를 바꿀 수도 있다. 그때가 되면 고치에서 나비가 나오듯, 뱀이 허물을 벗듯 변화된 나를 만날 수 있게 된다.

나비는 변태(變態)를 통하여 기어 다니던 애벌레에서 하늘을 날아다니는 나비로 변하고, 뱀은 탈피(脫皮)를 통하여 한 단계 더 성장한 몸으로 과거의 자신에서 벗어난다. 괴테는 『파우스트』에서 "탈피하지 못하는 뱀은 죽는다."라고 이야기했다. 뱀이 성장하기 위해서는 허물을 벗어야 하듯, 마찬가지로 인간도 지속적으로 변화하고 적응하지 않으면 발전이 멈추게 됨을 비유한 것이다. 변화하고 발전하지 않으면 정체되어 자신 안에 갇혀버리게 된다. 더 나은 나를 만날 수 없게 되고, 결국 내가 원하는 삶을 살지 못하게 된다. 내가 원하는 삶을 살지 못한다면 그 삶은 '삶'일까 '생존'일까. 과연 인간은 생존만으로 만족할 수 있는 존재일까. 그렇지 않기에 파우스트는 그토록 방황하고 노력했을 것이다.

단단한 비늘로 뒤덮인 뱀의 피부는 탄력이 제한되어 있어 일정 기간이 되면 더 이상 기존의 피부로 살아갈 수가 없다. 허물을 벗지 못하면 갑옷 같은 자신의 껍질 속에 갇혀 안에서부터 죽어갈 수밖에 없다. 두렵고 힘들지만 허물을 벗지 않으면 안 된다. 생존을 위한 성장통이다. 허물을 벗기 위해 뱀은 조용한 곳을 찾아가 나무나 바위 같은 거친 표면에 머리를 비벼 허물의 시작점을 만들어 낸다. 이후 몸을 비비며 비틀고 비틀어 허물을 벗어낸다. 허물을 벗기 대략 열흘 전부터 시야가 흐려지며 다 벗기까지 몇 주가 걸리기도 하는 지난하게 고통스러운 과정이다. 허물을 벗는 동안 뱀은 예민해지고 외부의 위험에 가장 취약한 상태가 되기 쉽다. 그러나 힘들다고 위험하다고 포기할 수도 없고, 포기해서도 안 된다. 허물을 벗고 다시 태어나든가, 아니면 자기 안에 갇혀 죽던가 둘 중 하나를 선택해야 한다. 생(生)과 성장에 대한 본능으로 새끼는 1년에 10회 이상, 성체는 1년에 1~8회 정도 허물을 벗는다. 이 위험한 과정을 반복하며 성장해 나간다.

 지금 겪고 있는 힘듦은 뱀의 허물벗기 과정과도 같다. 단번에 끝나지 않고 힘들여 조심스럽게 조금씩 아주 조금씩 천천히 허물을 벗고 더 나은 모습으로 변해가는 과정이다. 묵은 과거의 모습에서 벗어나 새로운 모습으로 태어나기 위한 과정이다. 과거의 실패, 선택에 대한 후회에서 벗어나는 과정이다. 그 과정에서 자신과 솔직하게 마주하게 된다. 되돌아보고 싶지 않은 지난 모습을 직면하는 것은 고통스럽다. 고통스럽다고 중도에 그만두어서는 안 된다. 적당히 타협하고 멈추면 당장은 편할지도 모른다. 그러나 자신도 모르는 사이, 속에서부터 곪아갈지도 모른다. 어려움을 견뎌내고 지나야만 더 단단하고 성숙한 나를 만날 수 있다. 허물을 벗기 위해 홀로 있는 시간은 외부로 향하던 시선을 자신에게로 돌려 스스로를 점검하고 에너지를 비축하는 시간이다. 변화하는 환경이나 새로운 상황에 더 잘 적응하기 위한 새옹지마의 시간이다. 자신의 틀, 마음의 껍질을 벗어내면 더 확장된 세계를 만날 수 있다. 바로 지금이 과거의 허물을 벗고 성장한 나를 만나기 위해 준비해야 하는 때이다.

"과거를 애절하게 들여다보지 마라. 다시 오지 않는다. 현재를 현명하게 개선해라. 너의 것이니. 어렴풋한 미래를 나아가 맞으라. 두려움 없이." 19세기 미국의 시인 헨리 워즈워스 롱펠로우의 말이다. 미래에는 언제나 예측을 벗어난 일들이 도사리고 있다. 그에 따른 두려움도 자연스레 생기기 마련이다. 중요한 것은, 미래를 두려워하느라 현재를 잃지 않도록 하는 것이다. 미래는 언제나 불확실하지만, 과거에 대한 미련을 버리고 현재를 현명하게 살아갈 용기를 내야 한다. 지금 내가 무엇을 하고 있는지, 내 안에서 무엇이 일어나고 있는지 깊이 들여다보는 시간을 가진다면 분명히 현재를 현명하게 개선할 수 있다. 자신에게 집중하는 시간, 외부의 기준과 기대에서 벗어나 내면의 목소리에 귀 기울이는 시간은 결국 우리가 더 강하고 지혜로운 사람으로 성장하는 밑거름이 된다. 지금의 나에게 최선을 다하는 것이 가장 중요하다. 그렇게 한 걸음 한 걸음 나아가다 보면, 허물을 벗고 자란 뱀처럼 어느새 더 강해지고 넓어진 자신을 발견할 수 있을 것이다.

3. 토대부터 단단하게

브륵샤아사나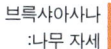
:나무 자세

1. 타다아사나로 선다. 엄지발가락 아래 볼록한 부분, 새끼발가락 아래 여린 부분, 뒤꿈치를 바닥에 단단하게 고정시킨다.

2. 왼쪽 무릎을 굽혀 왼 발바닥을 오른쪽 허벅지 위 안쪽 부드러운 부분에 붙인다. 발가락은 아래를 향한다.

3. 골반이 틀어지지 않도록 엉덩이 근육을 수축시킨다. 오른쪽 다리와 왼발이 서로 밀어내는 힘으로 균형을 잡는다.

4. 양팔을 귀 옆으로 뻗어 머리 위에서 양 손바닥을 맞대

어 합장한다. 편안하게 호흡을 유지한다.

5. 팔을 내리고 왼발을 오른 다리에서 미끄러지듯 내려 타다아사나로 돌아온다.

발바닥 전체가 바닥에 고르게 닿도록 하여, 균형을 잡는다. 발바닥에 힘을 주고 땅을 단단히 움켜쥐듯 밀면서 선다. 올린 다리의 무릎을 최대한 바깥쪽으로 열어주되 골반이 비틀리지 않도록 주의한다. 등을 곧게 편다.

브륵샤아사나를 할 때면 늘 내가 나무가 되는 상상을 한다. 발이 뿌리가 되어 땅속 깊이, 깊이 뻗어 나간다. 대지가 나의 뿌리를 단단하게 감싸는 것을 느낀다. 나는 대지의 품에 안겨 있다. 바람이 불어온다. 차갑지도 뜨겁지도 않은 부드러운 미풍이 쭉 뻗은 내 팔에 몽글몽글한 자기 몸을 비비고 지나간다. 머리 위 우듬지 사이로 따뜻한 빛이 쏟아져 내린다. 가슴을 활짝 열고 천천히 숨을 들이마신다. 흉곽이 위로 들어 올려지고 폐가 풍선처럼 부풀어 오른다. 햇살의 향기를 머금은 맑디맑은 공기가 폐에서 손끝, 발끝, 머리끝까지 몸속 구석구석에 닿는다. 고여 있던 탁함이 떠밀려 나간다. 들이쉴 때보다 더 천천히 숨을 내뱉는다. 모여든 탁함이 덩어리져서 좁은 숨길을 막지 않도록. 물레를 돌려 실을 뽑아내듯 가늘게 가늘게 내쉰다.

다시 바람이 분다. 세찬 바람이다. 세찬 바람에 맞서는 강건한 소나무도 좋지만 부드럽게 휠 수 있는 대나무의 유연함을 닮고 싶다. 대나무는 비바람에 휘어지더라도 결코 부러지지 않는다. 삶의 여정에는 예상치 못한 크고 작은 시련이 수없이 불어 닥친다. 유연하게 받아넘기자. 바람을 따라 왼쪽 옆구리를 접어 왼쪽으로 몸을 넘겨본다. 한쪽 발은 여전히 반대편 허벅지 위에 자리하고 있고, 팔은 여전히 귀 옆에 쭉 뻗어 있다. 가슴은 정면. 휜다고 해서 움츠러들 필요는 없다. 바닥이 단단하게 감싸고 있다면, 중심이 흐트러지지 않는다면 언제든 제자리로 돌아올 수 있다. 아사나 수련을 통해 한 그루의 나무가 되어 보는 경험은 나를 요가의 세계에 더욱 단단하게 뿌리 내리게 한다. 아사나 수련이 곧 명상이 된다.

아헹가가 지은 『요가의 나무』라는 책이 있다. 국내에는 아직 번역이 되지 않았는지 원서『The tree of yoga』만 검색된다. 선생님이 주신 중국어 번역본『瑜伽之树』로 그 책을 만났다. 그 책에서 아헹가는 파탄잘리가 정리한 요가의 8단계를 나무에 빗대어 설명한다. 보편적 도덕률로 하지 말아야 할 5가지의 규범인 야마Yama는 나무의 뿌리이며, 내면과 육체의 정화를 위해 지켜야 할 5가지 규율인 니야마Niyama는 나무의 기둥이다. 수행을 위한 육체적 단련 아사나Asana는 나뭇가지, 호흡조절 프라나야마Pranayama는 나뭇잎이다. 감각의 제어 프라티아하라Pratyahara

는 나무껍질이며, 정신의 주의 집중 다라나Dharana는 수액이다. 명상 디아나Dhyana는 꽃, 마지막 초월의 경지인 사마디Samadhi는 과실에 비유한다.

 모든 진리가 그러하듯, 요가의 8단계 역시 단순하지만 심오하다. 책 몇 권, 선생님의 가르침 몇 마디로 알 수 없다. 경험하고 실천하며 노력하는 중에 스스로 느끼고 깨달아야 한다. 나무가 계절의 순환에 따라 꽃 피우고 열매 맺으며, 낙엽을 떨구는 과정을 평생 거치듯, 평생에 걸쳐 갈고 닦아야 하는 마음 자세와 깨달음의 여정이다. 매 순간 단계별로 혹은 여러 단계를 한꺼번에 통합적으로 실천하려 노력해야 한다. 갈수록 어려운 차원의 수행이지만, 그중 나무의 토대가 되는 뿌리와 기둥인 야마와 니야마는 특히 더 중요하다. 요가 수련자가 아니라도 조금 더 나은 내가 되고자 한다면 늘 새기고 주의를 기울여야 하는 일상의 지침들이기 때문이다.

 보편적인 윤리인 야마는 다섯 가지로 설명된다. 비폭력을 뜻하는 아힘사Ahimsa, 진실을 뜻하는 사트야Satya, 훔치지 않음의 아스테야Asteya, 절제와 금욕의 브라마차리아Brahmacharya, 그리고 탐하지 않음의 아파리그라하Aparigraha로 이루어져 있다.

하지 말아야 할 계율인 야마는 생각보다 우리 삶에 광범위하게 적용된다. 아힘사(비폭력)는 남에게만 적용되는 것이 아니다. 폭음과 폭식도 자신에게 행하는 폭력이다. 사트야(진실)는 아힘사와 함께한다. 폭력은 거짓을 덮기 위한 것이다. 진실을 행하고 진실 앞에 당당하다면 자연히 폭력은 필요치 않을 것이다. 아스테야(훔치지 않음) 같은 경우 단지 물건을 훔치지 않는다는 것보다 훨씬 넓게 적용된다. 대화 중 다른 이의 말을 무시하거나 끊고 내게로 화제를 가져오는 것도 아스테야를 어기는 일이다. 브라마차리아(절제와 금욕) 또한 마찬가지다. 물욕, 식탐 등을 넘어 모든 행위와 마음을 적정한 수준으로 절제하는 것이다. 내가 적정한 한도를 지키지 않고 수련의 즐거움에 지나쳐 다친 것 또한 브라마차리아를 어긴 결과다. 아사나에 빠져든 나머지 먼저 수행되어야 하는 마음의 기본기를 어긴 것이다. 아파리그라하(탐하지 않음) 또한 브라마차리아와 연결된다. 아파리그라하를 마음에 품고 있으면 자연히 물욕에서 멀어지게 된다. 즉각적이고 말초적인 쾌락에서도 멀어지게 된다. SNS로 인해 더욱 불거진 '인정중독' 또한 타인의 인정을 갈망하는 데서 기인한다. 아파리그라하를 실천한다면 인정중독에서 멀어질 수 있다. 야마를 실천하면 삶이 단순하고 선명해진다.

내면과 육체를 정화하고 발전시키기 위해 실천해야 하는 니야마 역시 5가지 덕목이 있다. 신체의 청결과 내면의 정화를 요구하는 사우차Saucha, 안분지족의 산토샤Santosa, 매일 수행하고 수련하는 타파스Tapas, 자아성찰과 자기 탐구의 스바드야야Svadhyaya, 신과 더 높은 가치에 대한 헌신인 이스바라 프라니다나Isvara Pranidhana가 그것이다.

사우차(신체의 청결과 내면의 정화) 실천에는 단지 몸의 청결뿐만 아니라 내가 머무는 공간도, 나의 말도 청결함을 유지할 것을 요구한다. 장난이라도 비속어를 섞어 쓰는 것은 상대방에 대한 예의가 아니기도 하거니와 자신의 인격을 더럽히는 행위다. 특히나 나이가 들수록 지양해야 한다. 산토샤(안분지족)는 야마의 브라마차리아와 아파리그라하와 함께한다. 유튜브와 SNS에서 넘쳐 나는 자극들 사이에서 산토샤를 얻기란 쉽지 않다. 늘 다른 사람, 다른 시기, 다른 곳과 비교하면 만족을 느낄 수 없다. 혼란스러웠던 춘추전국 시대, 한 바가지의 물과 한 공기의 거친 밥으로도 만족했다는 안회의 이야기처럼 이 순간 내가 가진 것에 감사를 느껴야 언제고 만족할 수 있다. 비울수록 오히려 차오른다. 타파스(매일 수행하고 수련함)는 또 어떠한가. 무언가를 꾸준히 한다는 것은 생각보다 쉽지 않다. 하지만 꾸준함과 성실

함은 그 어떤 쇠붙이보다 강하다. 낙숫물이 바위도 뚫는다. 타파스를 통해 구해야 할 것이 무엇인가? 내면 깊숙이 숨어 있는 진짜 자신을 찾아야 한다. 공자가 말한 하루 세 번의 자아 반성은 바로 끝없는 스바드야야(자기성찰과 자기탐구)의 실천이다. 진짜 자신을 찾고 내 안에 숨어 있는 신성을 찾는 일이야말로 자신을 존중할 수 있는 유일한 방법이다. 내 안에 없는 것을 남에게 줄 수는 없다. 내 안의 신성을 찾게 되면 타인에게서도 신성한 빛을 보게 될 것이고, 당연하게도 그 사람을 존중할 수 있게 된다. 스바디야야와 이스바라 프라니다나(신과 더 높은 가치에 대한 헌신)는 연결된다. 최신 뇌과학에서 밝혀진 바에 따르면 자아 존중과 타인 존중은 뇌의 거의 같은 지점이라 할 만큼 가까운 곳에서 일어난다고 난다. 내 안의 신성을 발견하고 그 빛이 이끄는 길을 따를 때 우리는 어느 때보다 살아있음을 느낀다. 니야마의 다섯 가지 가르침을 실천하면 삶이 평화롭고 충만해진다.

요가적인 삶을 살고 싶다. 요가가 단지 운동으로만 그치지 않고, 요가의 가르침이 삶 속에 녹아들기를 원한다. 나의 시간과 노력이 거름이 되어 나의 삶이 나무처럼 꾸준히 성장하기를 바란다. 그 과정에서 타인에게 긍정적인 영향을 끼칠 수 있기를 바란다. 나의 작은 행동이 세상에 작은 영향을 주고, 그 영향들이 모여 더 큰 변화를 이끌 수 있다는 희망을 품고 살아가고 싶다. 마치 나무가 공기 중의 이산화탄소를 흡수하고 산소를 내뿜듯, 나 또한 주변의 탁함을 걸러내고 맑고 청정한 기운을 전하고 싶다. 나무가 그늘을 제공하고 새들의 안식처가 되는 것처럼, 나의 존재가 타인에게 평온과 안식을 줄 수 있기를 바란다. 나의 사소한 말 한마디, 행동 하나가 누군가에게 힘이 되고 위안이 될 수 있다면 좋겠다.

참고문헌:『瑜伽之树』B.K.S 아헹가. 当代中國出版社
『요가 디피카』B.K.S 아헹가. 禪요가
『야마 니야마』데보라 아델. 침묵의 향기

4. 마음의 밭을 갈다

할라아사나
:쟁기 자세

～～～

1. 바닥에 바르게 눕는다. 양손을 다리 옆 바닥에 내려놓고 숨을 내쉬며, 무릎을 구부려 다리를 당긴다. 숨을 내쉬며 엉덩이를 들어 올린다. 손으로 허리 부분을 받쳐준다.

2. 숨을 내쉬며 가슴이 턱에 닿을 때까지 상체를 들어 올려 바닥과 수직이 되게 한다.

3. 숨을 내쉬며 발가락을 위로 향한 채 다리를 똑바로 뻗은 후 머리 뒤로 다리를 천천히 넘겨 발가락이 바닥에 닿도록 한다.

4. 발가락을 세우고 무릎은 곧게 펴서 자세를 고정한다.

중심이 잡히면 손을 허리에서 떼고 다리의 반대 방향으로 팔을 뻗는다. 손바닥을 바닥에 대거나 양손을 깍지 낀다. 4~5차례 호흡을 유지한다.

5. 척추 마디마디를 내려놓는다는 느낌으로 무릎을 구부린 채 천천히 자세를 풀어준다. 두 손으로 허리를 받치고 척추가 내려옴에 따라 손을 조금씩 하체로 이동한다. 가능하면 어깨와 머리가 들리지 않도록 복부의 힘으로 하체를 내린다.

목에 무리가 가지 않도록 주의를 기울인다. 어깨선에 맞춰 담요를 받치면 목의 부담을 덜어줄 수 있다. 발이 머리 뒷바닥에 닿지 않으면 발아래 블록을 놓거나 알맞은 높이의 의자를 이용한다.

요가를 하다 보면 궁금해지고 종내 읽게 되는 책이 있다. 요가 철학에 중요한 문헌 중 하나인 『바가바드 기타』다. 『바가바드 기타』는 간디와 헤르만 헤세, 헉슬리, 헨리 데이비드 소로 등 내노라하는 사상가와 작가들이 삶의 어려움에 부딪힐 때마다 의지하며, 그 지혜에 찬사를 보낸 책이다. 『바가바드 기타』에서 비슈누 신의 화신 크리슈나는 아르주나 왕자에게 문답으로 요가와 세상의 이치에 대해 가르침을 전한다. 『바가바드 기타』 제2장 47행~48행에서 크리슈나는 아르주나에게 한마디로 요가를 정의 내린다. 행위의 결과에 대한 기대를 가지고 그것을 목적으로 행위를 해서는 안 된다고, 또한 행위를 피해서도 안 된다고 말한다. 진정한 자신 안에 머물면서 성공과 실패를 평등하게 여기며 이기적인 욕망에 대한 집착을 버리고 의무를 수행하라고 이야기한다. 그러면 어떤 상황에서도 마음이 흔들리지 않고 절대 평정을 유지할 수 있으며, 이런 상태가 곧 요가라고 말한다.° 크리슈나의 말은 결과에 대한 기대나 집착을 하지 않고 지금 해야 할 일을 하는 것의 중요성을 역설한다.

 크리슈나의 말은 고대 이국의 어느 신의 말로 그치지 않는다. "당신은 농부 같아야 한다, 농부는 미래의 수확을 생각하며 행복해하는 것이 아니라 씨를 잘 뿌린 것에 행복해한다." 현대 요가계의 가장 큰 스승 아헹가의 말이다. 고대 중국의 사상가 맹자도 같은 결의 말을 남겼다. "진인사대천명盡人事待天命." 지금 내가 할 수 있는 것에 최선을 다하고 하늘의 뜻을 기다린다는 이 말은 하늘이 내 노고를 알아주어 내가 원하는 결과를 내어주리라 기다린다는 것이 아니다. 오히려 겸허히 결과를 받아들이고 결과에 집착하지 않음을 의미한다. 결과에 대한 집착은 종종 우리가 행동하는 본래의 목적을 흐리게 만들고, 그 과정에서 얻을 수 있는 기쁨과 성장 또한 잃게 만들 수 있다. 하지만 행위 자체에 집중한다면, 그 어떤 결과가 나와도 행위 과정에서 얻은 경험과 성장에 기꺼이 감사함을 느낄 수 있다. 결과에 대한 집착을 내려놓고, 지금 이 순간의 행위에 진심을 다하는 것이야말로 진정으로 삶을 살아내는 방법이다.

 흔히 숙명, 업이라 불리는 카르마(karma)란 어떤 결과를 불러오는 행위를 뜻한다. 현재 생기는 모든 것은 앞선 행위의 결과이며 미래에 일어날 일의 원인이 된다. 이전에 쌓인 카르마가 어떠한 조건이 무르익었을 때 발동하여 현재 결과로 나타나게 된다. 이전의 선한 행동은 향기로운 과실을 맺고, 악한 행동은 고약한 악취를 풍기는 과실을 맺는다는 것이다. 현실과 상관없는 경전 속 이상적인 이론이 아니다. 우리 선조들은 생활에서 길어낸 멋진 표현을 남겼다. 콩 심은 데 콩 나고, 팥 심은 데 팥 난다. 오늘 아침에 드러난 희미하지만 존재가 확실한 복근의 선은 어제 치킨과 맥주의 유혹을 이겨내고 복근 운동을 한 결과이고, 저녁에 또다시 힘든 복근 운동을 지속해 나갈 수 있는 동기가 된다. 오늘 아침의 무거운 몸과 머리는 어젯밤 먹은 치킨과 맥주의 결과이며, 몸과 마음을 깨우기 위해 하루 종일 들이붓는 커피의 원인이 된다. 내가 행한 대로, 뿌린 대로 돌아온다.

재밌는 것은 카르마에 의해 지금 나타난 결과에 대한 '반응' 또한 카르마가 된다는 것이다. 현재의 결과에 집착하거나 저항하는 순간 새로운 카르마가 생기고, 그렇게 점점 카르마는 마음속에 쌓여만 간다. 그러니 매사 가볍게 일희일비하지 않으며 마음을 비워야 카르마를 쌓지 않을 수 있다. 고대 인도 철학의 진수를 담은 『우파니샤드』에서는 이 카르마를 모두 없애는 것이 곧 해탈이고, 윤회에서 벗어나는 유일한 방법이라고 말한다.

결과에 대한 기대와 집착을 초월해야 도달할 수 있는 경지다.

 '반응' 또한 카르마가 된다면, 그렇다면 그저 수동적으로 가만히 있어야 하는 것일까. 아무것도 느끼지 않으며 무색무취로 살아야 할까. 혼자 산속에 틀어박혀 살지 않는 이상 불가능할 것 같다. 카르마를 쌓지 말라는 말은 수동적으로 무기력하게 살라는 의미가 아니다. 오히려 '지금', '여기'에서 벌어지는 상황에 집중하여 그것을 진정한 자신의 온몸으로 제대로 겪어내라는 뜻이다. 웃어야 할 때 웃고, 울어야 할 때 웃는 것이다. 그리하여 그것이 나를 오롯이 통과하여 지나가도록 해야 한다. 현재는 현재에 존재하게 해야 한다. 미래로 가져가면 집착이 되고, 과거에 남겨 두면 후회와 미련, 아쉬움이 된다. 마음에 감정의 찌꺼기를 남기지 말아야 한다. 그래야 고여 악취를 풍기며 썩지 않는다.

 무언가가 고이지 않고 잘 빠져나가려면 마음이 포슬포슬한 땅 같아야 한다. 오랫동안 방치해 두어 잡초가 무성하고 바위가 여기저기 박힌 거친 땅이면 뭐든 고이기 쉽다. 단단한 땅을 열심히 쟁기질해서 물 빠짐이 쉬운 포슬포슬하고 비옥한 땅으로 만들어야 한다. 물론 쟁기질은 쉽지 않다. 단단한 땅일수록 더욱 쟁기질이 힘들다. 쟁기를 끄는 것은 물론이거니와 제대로 방향을 조절하기는 더 어렵다. 포기하고 싶을 수도 있다. 괜찮다. 당장 쟁기날이 들어가지 않을 정도로 단단한 땅이라면 우선 큰 돌부터 골라내자. 한 호흡씩 한 호흡씩 평정을 유지하자. 의욕만으로 섣불리 쟁기질하면 크게 다치기 마련이다. 빨리 해내겠다고 마음먹는 순간 진척 없어 보이는 지난한 시간에 불만이 생겨나고, 미래에 대한 조바심이 생겨난다. 마음속에 카르마가 쌓인다.

카르마는 마음뿐만 아니라 몸에도 쌓인다. 온종일 구부정하게 앉아 스마트폰과 모니터를 보느라 목과 어깨, 등, 허리가 굽는다. 햄스트링이 짧아진다. 마음을 포슬포슬하게 만들 듯 몸도 부드럽게 만들어야 한다. 할라아사나를 하며 오늘 하루 내 몸에 쌓은 카르마를 지운다. 하루 종일 굽었던 등을 쭉 펴주며, 경직된 어깨를 풀어준다. 몸보다 혀의 쾌락을 만족시켰던 것들로 쌓인 독소를 배출한다. 잡다한 세상사로 지끈지끈한 머리에 혈액 순환을 촉진시켜 머릿속을 맑게 비운다. 몸에 고스란히 쌓인 내 생활의 카르마를 수련으로 지워나간다.

몸을 움직여 마음 밭을 간다. 끊임없이 자라나는 잡초를 솎아

내고 땅을 갈고 고른다. 그렇게 카르마가 쌓여 단단해진 마음 밭을 비옥한 농토로 바꾼다. 쟁기질로 부질없는 후회와 미련, 헛된 욕심, 괴로운 집착 같은 부정적인 생각을 뽑아낸다. 어제가 어떠했든, 내일이 어떠하든 지금 여기에서 행하는 이 수련 자체에 집중한다. 어떠한 집착이나 기대 없이, 이 순간 내 몸과 마음을 잘 돌보는 것만으로도 내 삶을 충만하게 만들 수 있다.

○ 참고문헌: 『바가바드 기타』 p31. 정창영 옮김. 무지개다리너머

5. 연꽃은 진흙 속에서 피어난다

파드마아사나
:연꽃 자세

1. 양 엉덩이를 바닥에 고르게 놓은 후 척추를 곧게 세우고, 다리를 쭉 펴고 앉는다. (단다아사나)

2. 왼쪽 무릎을 접어 왼쪽 발바닥을 오른쪽 고관절 가까이에 천장을 향하도록 올려놓는다. 오른쪽 무릎을 접어 다리를 왼쪽 정강이 위로 교차시켜 오른쪽 발바닥도 왼쪽 발바닥처럼 천장을 향하도록 왼쪽 고관절 가까이 놓는다.

3. 양팔을 편안하게 뻗어 손을 무릎 위에 놓는다. 엄지와 검지를 맞대고 나머지 손가락은 자연스럽게 둔다.

연화(연꽃)좌, 파드마아사나다. 쉽게 가부좌 자세를 생각하면 된다. 두 다리를 모두 각 정강이 위로 교차시키기 어려울 수 있다. 발목이나 무릎에 통증이 있거나 아래쪽 정강이가 눌려서 아플 수도 있다. 그럴 때는 무리하지 말고 한쪽 다리만 반대쪽 허벅지 위에 올려놓는 반연화좌를 해도 된다. 그도 힘들다면 무릎을 접어 왼발을 회음부 앞 바닥에 두고, 오른발은 그 앞에 두면 된다. 또는 척추가 바로 세워지지 않아 상체가 앞으로 숙여질 수도 있다. 엉덩이 아래 요가 블록이나 너무 푹신하지 않은 쿠션, 혹은 담요를 접어놓고 앉으면 상체를 세울 수 있다. 중요한 것은 양 엉덩이에 체중이 고르게 실리고 그 위에 척추가 바로 서는 것이다. 그래야 호흡이 편안해진다. 손은 양 무릎 위에 자연스럽게 둔다. 꼭 엄지와 검지를 붙이는 등의 무드라(수인)을 하지 않아도 괜찮다.

우연히 한 중국 화가의 그림을 보게 되었다. 황영옥(黄永玉, 1924~2023)이라는 중국 화가의 작품이었다. 민화 같기도 하고 일러스트 같기도 한 독특한 느낌의 그림에서 풍기는 기개가 상당했다. 좀 더 알고 싶어 중국의 네이버, 바이두(百度)에서 찾아보았다. 그러다 발견한 그의 또 다른 그림들에서 시선을 뗄 수가 없었다. 연꽃 시리즈였는데 흔히 보아 왔던 고상하고 맑은 연꽃의 느낌이 아니었다. 짙은 배경에 그보다 선명한 빨강과 흰색의 연꽃들이 거침없는 붓 터치로 그려져 있었다. 화가의 연꽃은 선계의 청정함이 아니라 오히려 엉망진창인 현실 속에서 강건한 기상을 풍기고 있었다. 그래서였을까. 함께 화가가 남긴 말이 더욱 와 닿았다. "흙탕이 없다면 어찌 연꽃을 볼 수 있겠는가." 연꽃만 바라보지 않고 연꽃의 토대인 진흙탕까지 바라보고 인정하는 화가의 통찰이 깊게 다가왔다.

흔히 연꽃을 말할 때 '세상에 거하되 세상에 속하지 않는다.'라고 한다. 세상이 어떻든 혼자 고고하란 것이 아니다. 흙탕물 같은 세상에서 부대끼며 살되, 자신을 잃지 말라는 말이라고 생각한다. 자신이 진정으로 추구하는 가치를 세상의 기준에 맞춰 타협하거나 억누르지 말고 지켜나가라는 말이라고 생각한다. 우리는 자신이 원하는 삶이 무엇인지, 그 삶을 살기 위해 필요한 것이 무엇인지 이미 알고 있다. 다만 세상의 눈치를 보느라 깊이 들여다볼 틈이 없을 뿐.

 파드마아사나로 앉아 고요히 내가 진정으로 원하는 것, 내가 추구하는 최고의 가치, 원래부터 내 안에 있는 것을 다시 한번 찾아본다. 파드마아사나의 자세를 만들어 내는 것이 중요한 게 아니다. 자신이 편안한 자세로 머무를 수 있는 것이 중요하다. 무릎이 아프고 고관절이 불편한 걸 억지로 참고 앉아 있을 필요는 없다. 그것이야말로 세상이 정한 기준에 억지로 나를 끼워 맞추는 것과 같다. 세상이 원하는 것이 아닌, 내가 진정 원하는 것을 되새기기 위해 자세를 잡고 앉는 것인데 주객이 전도되는 꼴이 되어서는 안 된다.

 눈을 감고 천천히 호흡한다. 호흡을 의도적으로 조절하는 것이 아니라 그냥 숨을 쉬면 된다. 들이쉬고 내쉬고, 들이쉬고 내쉬고… 두 번의 호흡이 끝나기도 전에 머릿속이 온통 진흙탕이 되는 걸 느낄 것이다. 바로 앉아 고요히 호흡한다고 해서 바로 머릿속의 안개가 걷힐 것으로 생각했다면 자신에 대한 평이 너무 후하거나, 자신을 너무 모르거나 둘 중 하나가 아닐까. 아까 A가 이런 말을 했지, 그때 내가 왜 그랬을까, 오늘 저녁은 뭐 먹지, 치과 예약을 안 했네, 십자화과 채소가 몸에 좋다는데 양배추로 뭘 해 먹나, 내일 모임에는 뭘 입고 나가나… 등등 갖가지 시답잖은 잡생각들이 꼬리에 꼬리를 물고 솟아난다.

괜찮다. 이제 연꽃이 필 토대가 마련됐다. 연꽃은 진흙탕에서 피어난다는 것을 잊지 말자. 온갖 생각의 흙탕물 속에서 호흡만 잃지 않으면 된다. 생각이 떠오르면 떠오르는 대로 가만히 두면 된다. 절대로 판단하지 말고, 감정적으로 바라보지 말고. 그 생각들을 가만히 바라보기만 하면 된다. 그저 숨 쉬고 내뱉기만 하면서. 숨에 집중하면서. 날뛰는 생각들은 관종과도 같아서 계속 주의를 기울이면 더 날뛰게 되고, 가만히 두면 제풀에 지쳐 수그러진다.

고요히 숨에 집중하다 보면 흙이 서서히 가라앉고 물이 맑아지기 시작할 것이다. 그 맑은 물을 느끼면 된다. 물론 처음 한

번에 되지는 않는다. 매일 30초씩만 해보자. 30초가 얼마나 긴 시간인지 깜짝 놀랄 것이다. 어느 날은 좀체 가라앉지 않는 온갖 생각으로 마음의 호수가 더없이 혼탁할 수도 있다. 또 어느 날은 맑아지는 순간, 호수의 표면을 스치는 바람결에 파문이 일어 겨우 가라앉았던 침전물이 떠올라 다시 흐려질 수도 있다. 괜찮다. 그런 자신에게 화내지 말자. 그런 자신을 비웃지 말자. 오늘은 내가 생각이 많네. 이 한마디면 된다. 내가 나에게 가혹하게 굴 이유가 없다. 내가 내 편이 아니라면 누가 진정으로 내 편이 되어 줄 수 있을까. 호수에 파문을 일으키는 것은 사건도, 다른 사람도 아니다. 돌을 던져 파문을 일으키는 것은 다름 아닌 사건과 다른 이에게 내가 내리는 나의 자의적인 해석이다. 내가 나에게 저항하지 말자. 멋대로 해석해서 멋대로 감정을 일으키지 말고 그저 다시 한번 숨을 들이쉬고 내쉬자.

"마음속에 잠들어 있던, 사랑으로 넘치는 영혼이 깨어나는 것을 느꼈습니다. 이제 저는 저 멀리서 다가오는 것을, 그 영혼을 두 눈으로 봅니다. 너무 기쁩니다. 저는 이제 그것을 인식할 수 있습니다." - 단테의 『신생』 제24권 1~4행 °

단테는 마음속에서 사랑으로 넘치는 자신의 영혼을 보았다.

나는 무엇을 보게 될까? 내가 나에게 저항하지 않음으로써 부유하는 생각들을 가라앉히고, 거센 풍랑을 잠재워 마음 호수의 물결을 잠잠히 하면 나 또한 내면에 숨겨진 나만의 이야기를 꽃 피울 수 있을 것이다. 어쩌면 아련한 연꽃 향을 맡게 될지도 모른다. 연꽃 향기에 관한 명문들이 많다. 한때 열심히 서예를 배우던 때가 있었다. 그때 서예교본에서 향원익청(香遠益淸) 네 글자를 만났다. 향기는 멀수록 더 맑다는 뜻이다. 중국 북송의 유학자 주돈이가 지은 「애련설(愛蓮說)」에 나오는 구절이다.

予獨愛蓮之出於泥而不染 여독애련지출어니이불염

濯淸漣而不妖 탁청련이불요

中通外直 중통외직 不蔓不枝 불만부지

香遠益淸 향원익청 亭亭淨植 정정정식

可遠觀而不可褻翫焉 가원관이불가설완언

나는 유독 연꽃을 좋아하노니 진흙에서 났으나 물들지 않고, 맑은 잔물결에 씻겼으나 요염하지 않고

줄기 속이 비었으나 외관은 반듯하고, 덩굴을 내지도 않고 가지를 내지도 않는다.

향기는 멀수록 맑으며 꼿꼿하고 깨끗하게 서 있어

멀리서 구경할 수는 있지만 가까이서 함부로 가지고 놀 수는 없구나

- 「애련설(愛蓮說)」 중에서

멀수록 옅어진다거나 흐려진다거나 다른 것과 섞여서 탁해진다거나 하지 않고 왜 맑아진다는 것일까. 왜 멀리서 구경할 수는 있지만 가까이서 함부로 놀 수는 없다고 했을까. 작가는 너무 가깝지도 멀지도 않은 거리, 가장 아름답게 느껴지는 거리가 있다는 것을 말하고 싶었던 게 아니었을까. 바로 옆 가까이 가면 진한 향기에 머리가 아플 것이고, 더 멀어지면 향기를 맡을 수조차 없게 된다. 향기가 가장 그윽해지는 거리를 찾아내는 것, 바로 세상에 속하되 세상에 물들지 않는 거리를 찾는 것일 테다.

내가 추구하는 가치, 나만의 고유한 향기를 가장 맑게 느낄 수 있는 세상과의 거리는 얼마만큼일까. 정확한 그 거리는 나만 알 수 있고, 나만 정할 수 있다. 고요해진 내 마음을 들여다볼 때라야 알 수 있기 때문이다.

○ 참고문헌: 『요가수트라 강독 1 삼매』, p81. 배철현. 김영사

6. 나는 나로 빛난다

티티바아사나
:개똥벌레 자세

〰️

1. 양발을 어깨너비로 벌려 쪼그려 앉는다.

2. 엉덩이를 들고 상체를 살짝 숙여 팔 윗부분을 허벅지 안쪽에 강하게 밀착시킨다. 팔꿈치를 무릎 뒤로 끼운 후 손바닥을 양발의 발날 바깥쪽에 놓는다. 손가락은 앞을 향한다.

3. 숨을 내쉬며, 엉덩이를 내리며 천천히 바닥에서 발을 뗀다. 복부를 수축시키고 무릎을 펴서 다리를 위로 뻗는다.

팔꿈치는 약간 구부러지며, 팔꿈치가 바깥쪽으로 벌어지지 않도록 한다. 손으로 바닥을 미는 힘을 주어야 손목에 무리가 가지 않는다. 강한 코어의 힘이 필요하다. 시선은 먼 곳 한 점을 집중해서 응시하여 자세의 안정을 돕는다. 팔과 코어의 강한 근력이 필요하므로 차투랑가 아사나, 바카아사나 등의 아사나를 통해 점진적으로 근력을 키워야 한다.

수업을 받던 중 갑자기 선생님께서 한 아사나 시범을 보이며 따라 해보라 하셨다. 선생님의 구령에 맞춰 팔을 뻗고 엉덩이를 들어 올리고, 다리를, 다리를…. 무릎을 펴야 하는데. 허벅지부터 종아리, 발끝까지 일직선이 되어야 하는데. 도무지 무릎이 펴지지 않았다. 아, 이 다리는 내 다리인가 네 다리인가. 내 몸에 붙어 있지만 내 몸이 아닌 듯, 내 의지와는 무관하게 꼼짝도 하지 않았다. 잠시 떠 있다가 쿵. 엉덩방아를 찧고 말았다. 대체 이게 뭔데 뜬금없는 걸 시키시나 싶었다. 분명 지금 내 수준을 넘는 것인데. 그러나 선생님께서는 어떠한 반응도 하지 않았고 아사나 명도 알려주지 않았다. 그냥 당연하단 듯이 계속 연습하란 말씀뿐이셨다. 그날, 집에 와서『요가 디피카』를 폈다. 분명 책에서 똑같은 자세의 사진을 본 적이 있었다. 혹시 쿠르마아사나(거북 자세) 변형인가 싶었으나 아니었다. 책 중반이 넘어가도록 이 자세를 찾을 수가 없었다. 책장의 3분의 2쯤을 훨씬 넘겼을까, 마침내 선생님의 시범과 똑같은 자세의 사진을 찾았다. 티티바아사나. 개똥벌레 자세란다. 개똥벌레라니. 세상에나. 땅에서 겨우 발을 떼어 버둥거리고 있는 내 꼴은 영락없는 거미인데.

젊은 시절의 아헹가가 책 속 사진에서 나를 빤히 바라보고 있었다. 사진 속의 그 눈빛은 마치 "뭘 봐. 너도 이거 하게? 진심? 뭐, 할 수 있으면 해보든가."라고 말하는 것 같았다. 새삼스레 아침의 그 당혹스러움이 몰려와 괜히 더 서러워졌다. 저도 아직 수준 안 되는 거 아는데요. 우리 선생님이 시켜요….

블로그나 유튜브를 보면 요가 수련자들이 참 많다. 입문자부터 중급자, 고급 수련자, 선생님…. 진짜 이런 자세를 하는 사람이 있구나 싶은 분들, 정말 아름답다 싶은 분들이 너무도 많다. 솔직히 그런 분들을 보고 나면 주눅이 든다. 나는 정말 우물 안, 그것도 엄청나게 작은 우물 속의 개구리란 생각에 우울해지기도 한다. 소리만 요란한 빈 수레가 따로 없구나 자책한다. 한국에 있었다면, 그랬다면 여러 좋은 워크샵들도 찾아다니고, 여러 훌륭한 선생님들을 찾아다니며 다양한 것들을 더 배우고, 그랬다면 지금쯤 훨씬 나은 수준이 될 수도 있지 않았을까. 다 치더라도 제때 적절한 치료를 받았다면 후유증을 남기지 않을 수도 있었을 텐데. 환경 탓을 해 보기도 한다. 다치지 않았더라면, 잘 치료받았더라면, 혼자서라도 집에서 열심히 수련했더라면, 다른 요가원을 다녔더라면…. 가정은 무수히 많았고 탓할 거리 또한 끝도 없었다. 내 마음을 다스리는 것이 요가라는데 나는 지금 뭐 하고 있나. 요가 수련한다면서 다른 것도 아닌 아사나 수련으로 남과 비교하며 마음이 요동치면 어떡해야 하나. 어쩌랴. 이 과정이 수행인 것을. 내 마음이 이렇다는 걸 알아차리고, 내 현재를 인정하고 받아들이고 오늘도 정진하는 수밖에.

 개똥벌레의 또 다른 이름은 반딧불이다. 몇 년 전, 말레이시아 여행에서 반딧불이 투어를 했다. 레고랜드가 있는 조호바루에서 두세 시간을 달려 어느 시골에 도착했다. 맹그로브가 무성한 강에서 무동력 보트를 타고 강을 따라 흐르며 한 시간가량 반딧불이를 보았다. 수십만 병의 먹물을 빨아들인 듯한 밤의 장막 속에서 노란색의 여린 빛들이 깜빡였다. 글자 그대로 숨이 멎는 광경이었다. 혹여나 반딧불이들이 놀라 불을 꺼 버릴까 봐, 멀리 날아가 버릴까 봐 배 안의 누구도 숨소리조차 크게 내지 못했다. 먼 여름밤 하늘의 반짝이는 별빛보다, 강가 가까이 걸린 낮은 초승달 빛보다 훨씬 가냘픈 빛이었지만 훨씬 따뜻한 빛이었다. 칠흑 같은 어둠 속에서나 겨우 볼 수 있는 빛이지만 자신의 자리에서 당당하게 빛을 내고 있었다. 그 순간 자신이 낼 수 있는 가장 밝은 빛을 내고 있었다. 그것만으로도 충분했다. 크리스마스트리의 꼬마전구같이 점멸하는 그 작은 노란빛은 밝기와 크기에 상관없이 보는 사람 모두에게 설렘과 잊지 못할 추억을 선물해 주었다.

  태양이 아니라고, 달이 아니라고, 별이 아니라고 주눅 들거나 슬퍼할 필요 없다. 달이 태양 같았다면, 새로 차오르고 이지러지며 밝았다 어두워졌다 하는 달을 보며 인생의 흥망성쇠를 말하지 못했을 것이다. 모든 별이 똑같이 달빛을 냈다면 그토록 많은 시와 소설은 쓰이지 않았을 것이다. 별빛이기에, 달빛이기에, 햇빛이기에 각각의 아름다움을 가질 수 있다. 물론, 다른 이의 아름다움에 경탄하는 것은 좋은 일이다. 나도 저렇게 하고 싶다는 마음은 건전한 동력이 되어 나를 발전시킨다. 그러나 그 아름다움에 부러움을 넘어 시기 질투를 느낀다면 잠깐 그것에서 시선을 거두어야 한다. 그리고 나를 돌아봐야 한다. 왜 순수하게 기뻐하고 좋아하지 못하는 것일까. 나의 어떤 마음이 아름다움을 즐기지 못하게 가로막는 것일까. 아마도 그 아름다움에서 나의 못난 모습을 발견해서 일 것이다. 나는 왜 저렇게 아름답지 못하지? 나는 왜 저렇게 뛰어나지 못하지? 나는 왜 이

것밖에 안 되지? 시기와 질투는 나를 자괴감의 나락으로 빠트리는 급행표다. 잠깐 시선을 거두어 나를 바라보자.

 누가 햇빛 보러, 달빛 보러 일부러 여행을 떠나겠는가. 반딧불이만이 낼 수 있는 빛이기에 사람들은 먼 곳을 찾아간다. 내 모습도 그러할 것이다. 나 역시 미약하나마 반짝거리고 있는데 더 큰 빛을 보느라 나의 빛을 알아채지 못하는 것일 수도 있다. 알아채기는커녕 빛나기도 전에 스스로 자신의 빛을 꺼트릴 수도 있다. 화려한 빛이 아니어도 괜찮다. 찬란한 빛이 아니어도 괜찮다. 나는 내가 낼 수 있는 빛을 내면 된다. 스스로 빛을 낼 수 있다는 것만으로도 우린 충분히 아름답다.

7. 다시, 중심을 잡다

바카아사나
:두루미 자세

〜〜〜

1. 발을 모아 쪼그려 앉는다. 발전체에 고르게 힘을 준다. 손은 어깨너비 간격으로 발 앞쪽의 바닥을 짚는다.

2. 엉덩이를 들어 올리며 무릎을 벌리고 상체를 앞으로 살짝 숙인다. 팔꿈치를 살짝 구부리고 겨드랑이 가까이 팔 윗부분에 무릎을 올린다.

3. 팔로 몸을 단단히 조이며 시선은 바닥의 한 점을 응시한다. 숨을 내쉬며 무게중심을 앞으로 옮긴다.

4. 발을 바닥에서 떼고 엉덩이와 복부에 힘을 주어 엉덩이

와 발을 더 끌어올린다.

5. 팔을 펴고 시선을 고정한 채 균형을 잡고 호흡을 몇 차례 유지한다.

6. 숨을 내쉬며 팔꿈치를 접어 몸을 낮추어 다리를 한 발씩 떼어 처음 자세로 돌아온다.

복부와 엉덩이 힘으로 등을 동그랗게 말아 몸을 끌어올려야 손목에 부담을 덜어 줄 수 있다. 손목이 바닥과 수직이 되어 바닥을 미는 힘을 주어야 손목 부상을 방지할 수 있다. 팔꿈치가 밖으로 벌어지지 않도록 한다. 시선은 조금 앞, 바닥에 고정해서 균형을 유지한다.

2025 하얼빈 동계 아시안게임에서 김채연 선수, 차준환 선수 등 우리나라 피겨 선수들의 아름다운 경기가 화제였다. 특히 김채연 선수의 깔끔한 점프, 화려하고도 안정적인 스핀은 보는 이들에게 카타르시스를 선사했다. 아름다운 김채연 선수의 경기를 보고 나니 자연스레 세계 피겨의 역사를 새로 쓴 김연아 선수가 떠올랐고 그때의 감동이 생생하게 되살아났다. 당시 넋 놓은 채 볼 수밖에 없었던 김연아 선수의 그 화려한 기술과 동작들은 가히 충격이었다. 그 동작들에 얼마나 많은 노력이 숨어 있었을까. 특히나 빠른 속도에서 한 발로 중심을 잡고 빙글빙글 도는 여러 스핀 동작들은 경이롭기 그지없었다. 저렇게 도는데 어지럽지 않을까. 저렇게 빠른 속도로 돌고 어떻게 바로 한 치의 흐트러짐도 없이 다음 동작을 해내는 걸까. 당시 한 인터뷰에서 김연아 선수는 이렇게 답했다. "시선을 한 곳에 고정시켜요." 마치 수능 만점자가 교과서로 공부했어요, 라고 하는 것 같았다. 무언가 대단한 것을 기대했다가 맥이 풀리는 느낌이었달까. 그

때는 몰랐다. 시선을 한 곳에 고정시킨다는 것이 어떤 의미인지.

 한 점에 시선을 고정시키는 것은 생각보다 강력한 힘을 발휘한다. 여러 감각이 활짝 열려 있으면 의식 또한 여러 갈래로 흩어지기 마련이다. 정신이 산만해지면 몸의 균형 또한 쉽게 흐트러진다. 시선 고정하기는 외부로 열려 있는 다른 감각기관들이 받는 자극을 거두어들이고 의식을 한곳으로 모으는 데 가장 효과적인 방법이다. 요가 수련에도 마찬가지다. 모든 자세가 섬세한 균형을 요구하는 요가 수련에서 시선 고정하기는 더욱 중요하다. 요가 수업 중 가장 많이 듣는 말 중의 하나가 "한 곳을 응시하세요."이다. 시선을 한 곳에 고정시켜 다른 자극에 주의를 뺏기지 않으면 먼저 호흡이 안정된다. 호흡이 안정되면 몸의 흔들림이 줄어든다. 흔들림 없는, 흔들리더라도 무너지지 않고 버틸 수 있는 집중력을 유지시켜 주는 장치가 바로 시선 고정하기다. 요가에서는 이를 '드리쉬티'라고 한다.

 바카아사사를 수련할 때였다. 팔만으로 온몸을 버티며 중력에 맞서 무거운 다리와 엉덩이를 들어올려야 했다. 게다가 무게중심을 앞으로 이동시킨 채 고개를 들어야 했다. 발끝을 땅에서 떼고 다리를 들어 올리고까지는 어찌어찌 된다 치더라도, 무게중심을 앞으로 이동시키는 데서 오는 두려움에 매번 좌절했다. 두 손바닥에 내 모든 것을 의지한 채 균형을 잡아야 했다. 그러지 못하면 당장 이마가 혹은 코가, 그도 아니면 턱이 내 체중을 모두 업은 채 바닥에 처박히게 된다. 정말이지 무서웠다. 이마 정도야 혹 나면 그만이지만, 안경이 놓여 있는 코, 이와 혀가 있는 턱이 부딪히게 된다면…. 또 무슨 부상을 당할까 상상부터 하게 되었다. 혹여라도 턱을 잘못 부딪쳐 목에 영향이라도 가면 또 무슨 일이 벌어질지. 내 팔은 어쩜 이리도 힘이라고는 없는 걸까. 어릴 때부터 남동생이 "누나 손목은 손가락 사이에 끼워서 힘 한 번 딱 주면, 똑 하고 부러질 것 같아."라고 말하곤 했다. 객관적으로도, 주관적으로도 상당히 손목이 얇다. 앙상한 나뭇가지, 딱 그거다. 이 손목에 내 체중을 다 실어야 했다. 그리고 버텨내야 했다. 물라반다(골반기저근을 수축하여 에너지를 잠금)와 웃디야나 반야(복부를 수축시키고 위로 끌어올려 에너지를 잠금)를 잡고 코어 힘으로 다리와 엉덩이를 들어 올리라는 설명은 고맙지만 무서움을 해결해 주지 못했다. 앞으로 고꾸라질지도 모른다는 두려움을 해결하지 않으면 어떤 말로도 무게중심을 옮길 수 없었다. 억지로 발을 떼어 몸을 숙이면 어김없이 앞으로 고꾸라졌다. 쿵 소리가 빈 요가원을 가득 채우도록 이마를 찧기도 하고, 처박히기 직전 발을 내려 관성에 의해 앞으로 튀어 나가기도 수십 번이었다. 그때마다 선생님의 강력한 주문이 이어졌다. "고개를 들어 시선이 닿는 바닥의 한 점을 응시하세요. 그 점만 보며 자세를 유지한 채 호흡하세요."

 고개를 들었다. 두려워 바로 밑바닥만 보고 있던 시선을 조금 떨어진 곳에 두었다. 그리고 호흡을 차분하게 유지했다. 몇 번의 호흡 끝에 아랫배와 엉덩이를 수축하자 반다를 잡는 힘이 느껴졌다. 어느 순간 무섭다거나 고꾸라지면 어쩌지, 라는 생각이 사라졌다. 다시 몇 번 숨을 들이쉬고 내쉬는 사이 갑자기 아랫배 어디쯤 간질간질한 느낌이 들며 할 수 있다는 목소리가 머릿속에 들렸다. 목소리를 따랐다. 그다음 내뱉는 숨에 살짝 무게중심을 이동시켰다. 억지로 떼어냈던 발이 자연스럽게 땅에서 떨어졌다. 하나, 하고 세는 순간 팔의 힘이 풀려버려 주저앉았지만 앞으로 처박히지 않았다. 그때 발의 위치와 모양, 각도, 몸의 전체적인 자세 같은 건 하나도 기억나지 않는다. 하지만 그 찰나의 순간. 발이 몇 센티라도 떠오르고 내 몸의 무게를 느끼지 못한 순간. 그때의 느낌만은 분명하게 기억한다. 그것은 일 초라도 성공했다는 짜릿함이나 성취감이 아니라 뜻밖에도 자유로움이었다.

 멀리 한 곳 바라보기는 결국 내 안을 바라보는 일이었다. 내 안에 이는 소용돌이의 한가운데를 바라봄으로써 소용돌이를 잠재우는 것이었다. 몸 바깥 신체의 어느 부위에 집중하는 것이 아니라 몸속에서 들려오는 나의 소리를 듣는 것이었다. 나의 소리를 듣는 순간 나는 어떤 공포도 없이 내 몸을 믿었고, 된다는 내 안의 직감을 따랐다. 한 곳을 응시한다는 것은 그런 것이다. 오감에 주의를 흩트리지 않고 오직 하나의 감각에만 집중하는 것. 나에게 집중하는 것. 내 무게중심을 잡는 것.

요가뿐만 아니다. 삶도 마찬가지다. 세상이 말하는 그 많은 행복의 기준에 휘둘리지 않고 나의 기준을 보는 것. 타인의 언행에 나의 기분이 좌지우지되는 것이 아니라, 나의 마음으로 나의 기분을 정할 수 있는 것. 타인에게 나의 마음의 고삐를 내어주는 것은 스스로를 무력하게 만들고 타인의 노예로 만드는 일이다. 누구도 자기 삶의 객체로 살 수 없다. 그렇게 살아서도 안 된다. 타인의 인정이 나의 기준이 되어서는 안 된다. 타인의 인정은 바닷물을 마시는 것과 같다. 바닷물은 마시면 마실수록 목이 타다가 결국 탈수로 죽게 된다. 세상은 개개인의 희망과 꿈을 보지 않는다. 그저 세상 자신의 욕망만을 강요할 뿐이다. 그 욕망을 좇으면 결국 남는 것은 박탈감과 자괴감, 불안과 우울이다. 나의 희망, 나의 꿈, 나의 행복은 내가 정하는 것이다. 내 삶의 무게중심은 언제나 내 속에 잡혀 있어야 한다. 그래야 자유로울 수 있다.

지금, 여기에서
내 안의 나를 만납니다

1. 가슴을 열면 마음이 열린다

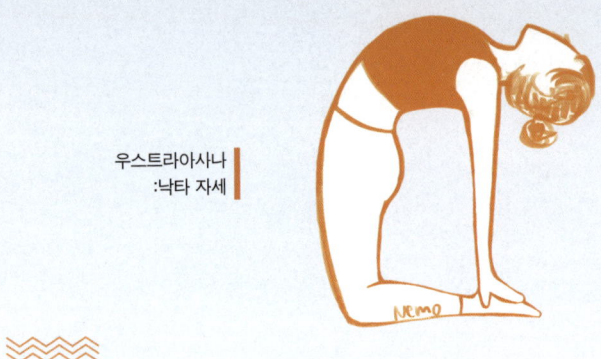

우스트라아사나
:낙타 자세

1. 바닥에 무릎을 꿇고 발등을 펴서 바닥에 놓는다.

2, 양팔을 귀 옆에 붙여 하늘로 뻗는다. 숨을 깊이 들이쉬며 가슴을 확장하여 들어 올린다.

3. 숨을 내쉬며 뻗은 팔을 유지하며 상체를 부드럽게 넘긴다.

4. 어깨를 크게 회전해서 손바닥을 발바닥 위에 포갠다. 목을 쭉 펴서 천장 혹은 뒤쪽 벽을 바라보며 몇 차례 바라본다.

5. 엉덩이와 허벅지에 힘을 주어 꼬리뼈를 아래로 살짝 말

아 치골을 들어올린다는 느낌으로 골반을 앞으로 밀어낸다.

6. 숨을 들이쉬며 양손을 동시에 떼고 호흡과 엉덩이와 허벅지의 힘으로 올라온다.

허리를 꺾지 않도록 한다. 가슴을 여는 힘과 엉덩이와 허벅지의 힘으로 척추를 부드럽게 펼쳐낸다. 호흡에 따른 가슴의 확장에 집중한다. 초보자라면 양손을 하늘로 뻗는 대신 엉덩이 위쪽에 놓아 허리를 지지해준다. 발등 위에 손을 놓는 것이 어렵다면 발끝을 세워 발뒤꿈치를 잡으면 된다.

중국어에 이런 표현이 있다. '想开了就是天堂, 想不开就是地狱.' 직역하면 '생각이 열리면 천국이 되고, 생각이 닫히면 지옥이 된다.'란 뜻이다. 생각을 연다는 건 뭘까? 긍정적인 사고, 어느 한쪽에만 치우치지 않는 넓은 시각, 내 잣대로 판단하지 않고 마음을 열어 다른 이의 마음을 헤아려 보는 것, 고정된 시각에서 벗어나 다른 각도로 바라보며 탐구하는 것이 아닐까.

'열린 사고'는 분명 좋은 말이다. 그러나 말이 쉽지, 실제로 행하기는 너무도 어려운 말이기도 하다. 똑같은 환경, 늘 만나는 사람들, 비슷비슷한 일들 사이에서 넓은 시각과 다른 각도를 가지기란 쉬운 일이 아니다. 다양한 환경에서 다양한 경험을 해보는 것이 가장 좋은 방법이겠지만 역시 집, 직장, 학교의 테두리를 크게 넘지 않는 일상에서는 좀처럼 힘든 일이기도 하다. 그렇기에 우리는 책을 읽고, 영화를 보고, 드라마를 보며 마음을 열고 다른 생각을 해보는 간접 체험을 한다. 간접 체험은 말 그대로 간접이다. 그렇다면 직접 체험하는 방법은 없을까? 직접, 가장 빠르게 마음을 여는 체험을 할 수 있는 방법이 있다. 간단하게 자세를 바꾸면 된다. 하버드 대학 경영대학원의 사회심리학자 에이미 커디는 자세의 변화에 따른 심리적 변화의 효과를 역설했다.

 요가 자세들 중 마음을 여는 데 적합한 자세들이 있다. 바로 후굴(后屈) 자세다. 후굴 자세의 심리적 효과로는 우울감 해소, 자신감 증진 등이 있다. 상체를 뒤로 넘기며 가슴과 쇄골을 활짝 열기 때문이다. 마음과 몸은 따로 놀지 않는다. 속상한 일을 겪을 때, 모든 상황이 꽉 막힌 듯할 때, 보통 가슴이 답답함을 느끼게 된다. 기쁜 상황일 때, 골치 아팠던 문제들이 해결되면 가슴속이 시원해지는 기분이 든다. 반대의 경우도 마찬가지다. 흔히 '어깨를 펴고 가슴을 내밀고 당당하게'란 말을 한다. 저명한 학자의 연구가 아니더라도 몸을 펴면 마음도 펴진다는 걸 우리는 이미 알고 있다. 마음을, 생각을 여는 것은 어렵다. 내 의지로 잘 되지 않는다. 그러나 몸을 움직이는 것은 지금 움직이겠다고 생각하는 순간 바로 할 수 있다. 그러니 먼저 몸을 움직여 가슴을 펴보자.

우스트라아사나는 요가 동작 중 대표적인 후굴 자세다. 처음에는 허리를 뒤로 젖히는 것에 두려움을 느끼기도 한다. 허리를 젖히는 것이 포인트가 아니다. 움츠러져 있는 가슴과 쇄골을 펴는 것. 치골에서부터 복부, 가슴, 목까지 몸의 앞면을 시원하게 늘려야 한다. 상체를 넘겨 허리 힘으로 버티는 것이 아니라 몸의 전면을 늘임으로 몸의 뒷면 근육이 수축하여 길항작용으로 균형을 맞춘다. 엉덩이를 수축시키고 골반을 앞으로 내민다든지 하는 여러 요령이 있지만 결국은 매일 조금씩 내 몸에 맞추어 수련해 나가며 몸으로 느끼는 수밖에 없다.

요가의 어원을 '단단하게 묶다' 혹은 '결합한다'라는 뜻의 유즈(yuj)에서 찾는다. 우스트라아사나를 하면 몸을 뒤로 젖혀 손바닥이 발바닥에 닿아 몸이 하나의 커다란 네모난 원을 만들게 된다. 단단하게 결합한 손과 발 덕에 가슴뿐만 아니라 허벅지, 골반, 목까지 온몸의 앞면이 활짝 열린다. 그렇게 열린 몸에 갇힌 생각이 머무를 수는 없다. 우리 몸과 마음은 앞서거니 뒤서거니 하며 늘 함께 움직이니까.

중국에는 시월 초 국경절이라는 비교적 긴 연휴가 있다. 연휴에 맞춰 몇 개월 전부터 미리 베트남 여행을 계획해 놓았던 터였다. 떠날 날이 가까워질 즈음 이런저런 일들로 육체적으로, 정신적으로 상당히 지쳐 있었다. 간절히 쉼을 바라며 호찌민 가까운 곳, 무이네로 떠났다. 무이네는 작은 어촌마을이지만 두 개의 사막으로 관광객이 끊이지 않는 곳이다. 붉은 모래가 인상적인 레드 샌듄과 오아시스 같은 호수를 품고 있는 넓은 화이트 샌듄이 그곳에 있다. 사막이라고 하지만 실은 바람에 모래가 날려 와 쌓인 사구라고 한다. 하지만 그 규모가 사막이라 불러도 충분했다. 특히 높낮은 사구가 잇달아 펼쳐지는 화이트 샌듄은 사막이라 불리기에 손색이 없었다.

  실컷 사막의 풍경을 사진에 담고 나서, 모래 위에 털썩 주저앉았다. 그리곤 그저 해가 지는 하늘을 가만히 바라보았다. 우기답게 구름이 장관이었다. 그 사이로 눈부시게 퍼져 나가는 햇살을 보다가 문득 몸을 일으켜 무릎을 꿇고 앉았다. 무릎과 정강이, 발등을 모랫바닥에 댄 채, 허벅지를 일으키고 상체를 세웠다. 모래 언덕이다 보니 바닥이 고르지 않았다. 한쪽은 높고 한쪽은 낮았다. 모래를 살살 골라 대강 수평을 맞춘 후 서서히 상체를 뒤로 넘겼다. 천천히 천천히. 낙타의 느릿느릿한 걸음을 떠올리며 숨에 맞추어 내려갔다. 자세가 완벽하지 못할 수도 있지만 중요하지 않았다. 그저 이 자리에서, 사막에서 한 마리의 낙타가 되어 보는 느낌이라면 충분했다. 태양은 점점 고도를 낮춰 구름 속으로 몸을 숨기고 있었지만 찬란한 황금빛 광채는 여전히 하늘을 향해 뿜어져 나오고 있었다. 하얀색에 가까운 엘리스 블루부터, 라이트 블루 미스트, 인디고 블루, 사파이어 블루, 짙은 잉크 블루까지 온갖 파란색이 뒤섞인 하늘에 황금빛이 퍼지고 있었다. 불어오는 바람은 하루 종일 달궈진 사막의 열기를 식히기에 충분히 시원했고 부드러웠다. 드넓게 펼쳐진 하얀 모래 언덕들, 그중 가장 높은 사구의 정상에서 낙타 자세를 한 채 찬란하게 저물어가는 해를 온몸으로 받았다. 쇄골을 펴고 가슴을 활짝 열고. 바람이 등 아래 내가 만든 공간을 통과해 지나갔다. 내가 바람길이 되었다. 금빛 휘황한 햇빛이 내 전면에 쏟아져 내렸고 부드러운 바람이 내 등을 떠받들듯 지나갔다. 사막이 나를 받아주는 걸 느꼈다. 정신없던 일상 속에 미처 버리지 못하고 쌓여 있던 모든 부정적인 생각과 감정들이 일제히 사라졌다. 쏟아지는 햇빛에 타버렸고, 불어오는 바람에 흩어져 버렸다. 가슴을 활짝 열자 온 세상이 내게로 들어왔다. 지칠 대로 지쳐 에너지가 방전되었던 몸이 세상을 품으며 다시 생동력으로 차올랐다. 내 몸을 하나로 단단하게 묶음으로써 어떤 것에도 속박되지 않는 해방감을 느꼈다. 어려움? 실패? 그까짓 것 부딪혀 보면 되지. 온 세상이 내게 열려 있는데 뭐가 더 겁나겠어.

일단 가슴을 열어보자. 그러면 마음이 열린다. 마음이 열리면 생각도 열린다. 생각이 열리면 세상이 열린다. 내가 지금 있는 이곳이 곧 천국이 된다.

2. 몸은 활, 아사나는 화살

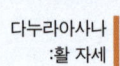
다누라아사나
: 활 자세

1. 무릎을 골반 넓이로 벌려 매트에 엎드린다. 숨을 내쉬며 무릎을 구부려서 발을 엉덩이 가까이 가져온다. 팔을 뒤로 뻗어 양손으로 각각 발목을 잡는다. 호흡을 가다듬는다.

2. 숨을 깊게 내쉬며 다리와 가슴을 들어 올린다. 엉덩이를 수축시키고, 견갑골을 죄어 준다. 팔과 다리가 서로 당기는 힘을 이용해 균형을 잡는다.

3. 어깨의 힘을 빼고 내쉬는 숨에 엉덩이에 힘을 줘서 허벅지를 조금 더 위로 당긴다. 가능하면 갈비뼈나 골반이

바닥에 닿지 않도록 활처럼 몸을 잡아당긴다.

4. 몇 차례 호흡하며 가슴, 복부, 고관절, 허벅지 몸의 앞면을 길게 늘인다.

5. 숨을 내쉬며 손을 풀고 다리를 곧게 뻗어 내린다.

다리를 올릴 때 무릎을 모아서 올리면 높이 들리지 않는다. 다리를 위로 완전히 뻗고 나서 허벅지, 무릎, 발목을 모으지만 허리가 유연하지 않다면 억지로 붙이지 않는다.

하계 올림픽이 열리면 한국 국민이 가장 믿고 보는 종목이 무엇일까? 많은 이가 별다른 이견 없이 '여자 양궁'이라 답할 것이다. 2024 파리 올림픽에서도 10연패, 무려 40년째 양궁 1위를 지켜냈다. 우리 양궁 선수들 실력이야 의심할 여지가 없으나, 그래도 스포츠에서는 늘 손에 땀을 쥐게 하는 상황이 등장하기 마련이다. 마지막 중국과의 결승전에서 온 국민의 심장을 조마조마하게 만든 장면이 등장했다. 바로 슛오프. 슛오프는 각 팀의 선수가 한 명씩 돌아가며 선수마다 한 발씩 쏜, 총 세 발의 점수 합계로 승부를 가른다. 슛오프마저 27:27로 동점이었던 상황. 동점일 경우 화살이 중앙에 가까운 쪽이 승자가 된다. 한국은 9점으로 찍힌 화살 두 개가 10점으로 판정되어 29:27로 극적으로 중국을 꺾고 금메달을 차지했다. 매 화살이 엄청난 무게를 가지겠지만, 선수들이 느꼈을 그 마지막 한 발의 중압감은 실로 어마어마했을 것이다.

활쏘기는 과녁을 겨냥하는 것부터 시위를 당기고 조준하고 발사하기까지, 모든 과정에 고도의 집중력과 정밀함을 필요로 한다. 심리적 안정의 중요성은 두말하면 입 아프다. 한국 양궁 국가대표팀은 스포츠 심리학에 기반을 둔 체계적인 심리기술훈련(PST)을 받는다고 한다. 목표설정, 루틴개발, 심상훈련, 이완훈련, 주의집중 5단계로 이뤄진 훈련이다. 자신감과 긍정적인 태도를 조절할 수 있게 하는 훈련으로, 경기 중 자신의 심리 상태를 정확히 인지하고 통제할 수 있는 능력을 기른다. 주변의 소음과 바람, 점수에 대한 압박 등 엄청난 스트레스를 잠재우고 평정심을 유지할 수 있어야 비로소 원하는 곳으로, 나의 의도대로 정확히 화살을 보낼 수 있게 된다. 지난 경기도, 다음에 있을 경기도 아닌 '지금 이 순간, 이곳의 과녁, 이 한 발의 화살'에 집중할 수 있기에 선수들은 평정심을 유지할 수 있다. 평정심은 비단 양궁 선수뿐 아니라 누구에게나 필요하다. 선수들의 스트레스에 비길 수는 없겠지만, 크고 작은 일상의 스트레스가 끊이지 않기 때문이다. 사건 하나하나에 일희일비하지 않을 수 있다면, 언제나 마음이 잔잔한 호수 같을 수 있다면 얼마나 좋을까. 선수들이 평소 체계적인 훈련으로 경기장에서 평정심을 발휘하듯, 매일 규칙적인 요가 수련을 통해 일상에서도 평정심을 유지할 힘을 키울 수 있다.

방대한 뇌과학 연구를 기반으로 명상을 이야기하는 책 『내면소통』에 따르면 같은 움직임이라고 해도 서로 다른 의도를 가지고 움직이면 관여하는 신경 시스템이 달라진다고 한다. 스트레칭을 하기 위해 목을 돌리는 것과 누군가의 부름에 뒤를 돌아볼 때 근육의 시스템이 미세하게 다르다는 것이다.° 아사나 수련을 하면 이 사실을 확연하게 느낄 수 있다. 나의 몸속에서 올라오는 감각에 집중하며 팔을 뻗을 때와 그냥 선생님의 팔 뻗는 모습을 따라서 팔을 뻗을 때 손가락 끝에서부터 겨드랑이까지 팔 전체에 느껴지는 감각이 다르다. 요가를 하다 보면 상체를 숙이거나 엎드려 손에 무게중심을 둘 때가 많다. 똑같이 손바닥을 바닥에 대고 있더라도 그저 팔을 뻗어 손바닥을 바닥에 대고만 있으면 체중이 손목에 실려 손목이 아프다. 그러나 손바닥으로 바닥을 민다는 생각으로 팔을 뻗으면 팔 전체와 손바닥 전체에 힘이 고루 들어가게 되고 손목이 아프지 않게 된다.

요가에서 아사나 수련의 목적은 의도적인 육체의 움직임을 통해 내면에 가 닿기 위함이다. 그렇기에 외적인 자세의 완성이 아니라 그 자세를 하는 동안 일어나는 내부의 모든 것에 집중하는 것이 중요하다. 그리하여 닿고자 하는 내면은 언제나 어떤 상황에서도 흔들림 없는 고요하고 평온한 '진짜 나'이다. 자신의 심리 상태를 인지할 수 있고 통제할 수 있는 능력은 곧 '진짜 나'를 인식하는 능력이다. 나의 심리 상태를 인지한다는 것은 그 심리를 겪는 이와 바라보는 이가 다름을 의미한다. 나를 바라보는 또 다른 내가 있어야 가능하다. 또 다른 나는 나를 바라보는 나, 영혼, 내면자아, 참자아, 배경자아 등으로 표현된다. 상대방에게 '너 지금 긴장하고 있구나.'라고 말할 수 있는 것은 내가 그 사람의 긴장을 알아볼 수 있기 때문이다. '긴장하고 있는 너'는 인지 대상이며, 인지의 주체는 나이다. 그처럼 '내가 지금 긴장하고 있구나.'라고 인지하는 것은 '긴장하고 있는 나'와 그것을 알아차리는 존재, 즉 '진짜 나'가 다르기에 가능한 것이다. 내가 지금 겪고 있는 것을 한걸음 떨어져 바라본다는 것은 비유적 표현이 아니다. '진짜 나'는 언제나 한걸음 떨어져 있기 때문이다.

 아사나 수련은 이 '진짜 나'에 한 걸음 더 가까이 다가가기 위한 과정이다. 아사나 수련을 하며 끝없이 주도면밀하게 의식적으로 몸속 구석구석을 감각하다 보면 어떠한 다른 생각도 떠올릴 수 없게 된다. 오로지 나의 들숨과 날숨, 그에 따른 내 몸 안의 감각에 집중하는 동안 자연히 머릿속은 비게 된다. 과거도, 미래도 아닌 현재, 이 순간, 이곳에서 살아있는 나를 생생하게 느낀다. '지금, 여기'에 존재하게 된다. 몸을 통해 마음을 보게 된다. 요가를 움직이는 명상이라고 일컫는 이유다. 언제, 어디서든 '지금, 여기'에 존재할 수 있다면 활대와 활시위 사이의 비어있는 충만함과 거침없이 날아가는 화살의 자유로움을 누릴 수 있다.

『요가 디피카』에서 아헹가는 이렇게 말한다. "사실 육체는 활이며, 아사나는 화살, 그리고 영혼은 과녁이다." 육체라는 활을 당겨 아사나 수련이라는 화살로 맞춰야 하는 곳, 그곳은 나의 영혼, 즉 외부감각을 초월하는 평온한 내면이다. 나는 지금 얼마나 당겨진 활시위일까. 내가 보내려는 화살은 과녁의 어디를 맞출 수 있을까.

ㅇ 참고문헌: 『내면소통』 p541. 김주환. 인플루엔셜
ㅎ 『요가 디피카』 p91. 아헹가. 禪요가

3. 언제나 균형을 잡을 수 있다면

우티타하스타파당구쉬타아사나
:코브라 자세

1. 타다아사나로 선다.

2. 숨을 내쉬며, 무릎을 구부려 왼쪽 다리를 올린다. 왼손의 검지와 중지, 엄지로 왼쪽 엄지발가락을 잡는다.

3. 오른손은 오른쪽 엉덩이 측면에 놓고 균형을 잡는다.

4. 숨을 내쉬며 왼쪽 다리를 앞으로 쭉 뻗는다. 발바닥으로 밀어내는 힘을, 허벅지는 몸쪽으로 끌어당기는 힘을 준다.

5. 호흡을 유지하며 안정되면 다리를 좀 더 높이 들어 올리거나 천천히 오른쪽으로 펼쳐낸다.

6. 숨을 내쉬며 천천히 타다아사나로 돌아간다.

서서 지지하는 다리의 무릎이 과하게 뒤로 밀리지 않도록 한다. 다리를 들어 올린 쪽 엉덩이와 골반이 틀어지지 않게 주의한다. 엉덩이에 힘을 주고 꼬리뼈를 말아내려 엉덩이가 뒤로 빠지거나 등이 굽지 않도록 한다. 머리와 척추가 일직선을 이루게 한다. 다리를 펼쳐 낼 때 반대쪽 팔도 가능하다면 쭉 뻗는다. 어깨가 긴장하여 올라가지 않도록 어깨 힘을 뺀다.

사십이 되었을 때, 친구들 사이에서 떠돌았던 우스갯소리가 있었다. "사십이면 불혹이라고 하잖아. 왜 불혹인지 알아? 아니 불, 유혹할 혹. '사십이면 이제 아무도 나를 이성으로 유혹하지 않는다.' 라는 뜻이래." 웃픈 불혹. 알다시피 논어에서 나온 말이다. 논어 위정편에서 공자는 자신의 일생을 돌아보며 각 나이의 특징을 이야기한다. 십오 세에 학문에 뜻을 세웠고, 삼십에 학문을 통해 자신을 바로 세웠으며, 사십에 유혹에 흔들리지 않았으며, 오십에 하늘의 뜻을 알았고, 육십에 세상을 이해할 수 있었으며, 칠십에 하고 싶은 대로 해도 법도에 어긋남이 없었다고 한다.

사십과 오십 사이, 아직 하늘의 뜻을 알지는 못하지만 불혹의 의미는 이제 조금 알 것 같다. 이성이 나를 유혹하지 않는다는 것도 아니고, 세상의 유혹이 없어지는 것도 아니다. 세상의 유혹이 아니라 내 마음에 미혹당하지 않는 것이 불혹이다. SNS

에 올라오는 타인의 행복, 자본주의 사회가 끊임없이 외쳐대는 소비 욕망, 주식과 비트코인, 아파트값이 내 마음을 흔드는 것이 아니다. 내 마음을 흔드는 것은 내 안의 생각이다. 내 마음이 중심을 잡지 못하고 어느 한쪽에 치우칠 때 균형을 잃고 흔들린다. 나의 가치와 삶의 방향이 세상의 유혹에 끌려갈 때 미혹된다.

미혹되지 않으려면 내 안의 가치관과 내 삶에 대한 방향이 뚜렷해야 한다. 어떻게 살 것인가에 대한 나의 답이 분명하고 성숙해야 한다. 외부 환경에 쉽게 휘둘리지 않고 내가 나로 살기 위해서는 무엇보다 자신의 내면을 바라볼 수 있어야 한다. 또한, 자신을 긍정하고 귀히 여기는 마음이 있어야 한다. 외부의 조건에 좌지우지되지 않는 건강하고 안정적인 자존감이 있다면 세상에 헛된 욕심을 부리지 않을 수 있다.

안정적인 자존감의 바탕은 균형이다. 누구나 못난 모습은 감추고 싶고 잘난 모습은 드러내고 싶다. 그러나 보고 싶은 모습만 보려 하면 결국은 분재 화분처럼 비틀리고 꼬인 모습을 만들어 낼 뿐이다. 자존감은커녕 일그러진 자존심과 쌓여가는 자괴감만 더해질 뿐이다. 균형은 단점이든 장점이든 모두 내 한 부분임을 담담히 받아들이는 것에서 시작된다. 받아들이면 단점은 부끄러움이 아니라 배움과 성장을 위한 재료가 되고, 장점은 교만이 아니라 자신과 주변을 밝히고 이끄는 힘이 된다. 단점과 장점이 서로를 억누르거나 왜곡하지 않고 조화를 이룰 때, 내면에는 폭풍 속에서도 흔들리지 않는 단단한 중심이 생긴다. 그 중심은 마치 넓은 바다 위 거대한 범선의 단단한 돛대와 같다. 돛대가 단단히 서 있는 배는 바람이 아무리 거세게 불어도 제 길을 잃지 않는다. 돛대는 스스로를 지키고 세상을 마주하게 하는 내적 용기이며, 오랜 세월이 흘러도 흔들리지 않는 건강한 자존감의 근간이다.

 건강한 자존감은 있는 그대로를 인정할 수 있는 용기다. 못난 모습도 나라며 자연스럽게 드러낼 수 있고, 잘난 모습도 교만 없이 담백하게 말할 수 있는 용기다. 잘못했을 때 솔직하게 시인하고 용서를 구하며, 타인의 빛나는 모습 앞에서 시기나 질투 없이 "정말 멋지다."라고 진심으로 말할 수 있는 용기다. 많은 사람이 잘못을 인정하지 못하고, 남에게 진심 어린 칭찬을 전하는 일에 서툴다. 그렇게 하면 자신이 못나 보이고 자존심에 상처가 난다고 여기기 때문이다. 그러나 사과와 칭찬은 자존심을 깎는 일이 아니라, 용기라는 돛을 펼치는 일이다. 그 돛으로 우리는 서로의 마음에 더 깊이 닿을 수 있고, 삶이라는 넓은 바다 위에서 더 멀리 더 자유롭게 나아갈 수 있다.

건강한 자존감은 단단한 믿음이다. 거친 풍랑에도 부러지지 않는 튼튼한 돛대처럼, 흔들리더라도 끝내 버텨낼 수 있다는 믿음이다. 넘어져도 다시 일어설 수 있다는 자신에 대한 믿음은 폭풍 속에서 길을 잃더라도 다시 항로를 바로잡는 능력과 같다. 자신이 소중한 존재라는 확고한 믿음이 있다면, 거친 파도와 유혹의 바람 앞에서도 쉽게 흔들리지 않는다. 어려운 상황에서도 쉽사리 굴복하지 않고, 자신만의 항로를 지킬 수 있다. 자신을 믿기에 자신의 선택을 신뢰하며, 그 선택에 당당히 책임을 진다. 좋은 결과에는 감사함으로, 그렇지 못한 결과에는 성찰로 다음 항해의 지도를 그린다.

여행을 간 바닷가에서 이 아사나를 해 본 적이 있다. 오랫동안 하지 않았던 자세이기도 했고, 바다 위 데크 가장자리라는 심리적 부담감으로 인해 다리를 제대로 펴낼 수 없었다. '넘어지면 어쩌지. 설마 바닷속에 빠지진 않겠지만 위험할지도 몰라. 그리고 남들이 보면 창피한데.' 그러나 다시 생각했다. '뭐 어때. 어차피 모르는 사람들이고, 내가 뭘 하든 신경 쓰지도 않는

데. 환경이 다르다고 내가 달라진 것도 아니고. 그리고 조금 흔들리더라도 버텨낼 수 있어.' 생각을 바꾼 덕분일까. 흔들렸지만 대여섯 번의 시도 끝에 제대로 다리를 뻗어냈다. 이어 앞으로 쭉 뻗은 오른쪽 다리를 호흡에 따라 천천히 오른쪽으로 열었다. 큰 범선의 핸들을 돌린다면 이런 기분일까. 때마침 뒤쪽에서 미풍이 불어왔다. 눈앞은 탁 트인 에메랄드 빛 바다였다. 순간 바다 위를 미끄럽게 내달리는 착각을 했다. 바로 선 몸은 곧은 돛대 같았고 펼쳐낸 다리와 반대편으로 뻗은 팔은 활짝 펼친 돛이 된 듯했다. 뒷바람을 받아 빵빵해진 돛처럼 열린 가슴이 무척이나 시원했다.

 한 발로 서서 균형 잡기란 쉽지 않다. 다른 자세들도 마찬가지지만 특히, 한 발로 서는 균형 자세들은 매일 수련하지 않으면 다리의 힘과 균형 감각을 잃기 쉽다. 오늘도 허리와 등 세우고, 어깨 힘은 빼고, 가슴은 활짝 열고, 아랫배와 다리는 단단하게 균형 잡기를 연습한다.

4. 자유롭고 당당할 수 있다

에카파다라자카포타아사나
:한 발 왕 비둘기 자세

1. 단다아사나로 앉는다.

2. 오른쪽 무릎을 구부려 오른쪽 뒤꿈치가 회음부에 닿도록 한다. 오른쪽 무릎은 바닥에 붙인다.

3. 왼쪽 다리를 뒤로 빼 바닥에 곧게 편다. 왼쪽 다리와 발의 앞부분이 모두 바닥에 닿는다.

4. 허리에 손바닥을 대고, 숨을 들이쉬며 가슴을 열고 밀어 올린다. 숨을 내쉬며 고개를 천천히 뒤로 젖힌다.

5. 손을 바닥에 놓고 왼쪽 무릎을 구부려 왼발을 머리 가까이 들어 올린다. 무릎에서 발목까지 왼쪽 다리는 바닥과 수직을 이룬다.

6. 숨을 내쉬며 오른팔을 머리 위로 넘겨 왼발을 잡는다. 호흡을 유지하며 왼손으로 왼발을 잡는다.

7. 가슴을 더 확장해서 내밀며 발과 머리를 맞댄다.

8. 발에서 손을 차례로 떼어 손바닥을 마루에 대고 왼쪽 다리를 내린다.

골반이 바닥과 평행을 이루도록 신경 쓴다. 골반이 한쪽으로 기울어지지 않도록, 체중을 균등하게 분배하며 상체의 무게중심을 낮춘다. 고관절을 억지로 늘리려 하지 않는다. 허리를 억지로 꺾지 않는다. 팔을 머리 뒤로 넘길 때, 어깨가 귀 쪽으로 올라가지 않도록 어깨를 내리고 견갑골을 내린다. 처음에는 발에 스트랩을 걸고 무릎 각도와 팔 위치를 천천히 조절해간다.

선생님께서 여러 권의 요가책을 주셨다. 내가 읽을 수 있을까 싶은 요가 철학서도 있고, 아헹가 전기도 있었으며, 도구를 이용한 아사나 수련 교본과 지도법 교본도 있었다. 물론 모두 중국어책이라 다 보지 못했다. 사진과 그림이 있는 아사나 수련 책과 지도법 책만 심심풀이 잡지 보듯 한 번씩 넘겨본다. 그중 2,100가지의 요가 자세 사진이 실린 책이 있다. 책 무게만 2.5킬로그램에 달하는 무시무시하게 무겁고 두꺼운 책이다. 익히 아는 동작부터 대체 왜 이렇게까지? 싶은 동작까지 책장을 넘기다 보면 시간 가는 줄 모른다. 이 동작들을 다 할 수 있을 거라는 생각은 꿈에도 하지 않는다. 그저 신기하다며 감탄하는 중에 보면 볼수록 유독 눈에 들어오는 동작이 있었다. 요가를 수련하는 사람이 아니더라도 누구나 한 번쯤 본 적 있고, 떠올릴 수 있는 유명한 동작 중 하나다. 에카파다라자카포타아사나, 긴 이름이지만 풀어쓰면 직관적이다. 한 발 왕비둘기 자세. 유명한 동작이지만 한 번도 해보고 싶다고 생각한 적이 없었다. 그런데 어느 순간부터 보면 볼수록 해보고 싶어졌다. 그동안 해보고 싶다는 생각을 한 번도 해본 적 없던 아사나를 왜 해보고 싶어졌는지. 책 속의 사진이 그렇게도 예뻤던 걸까. 아마도 예전에는 미처 몰랐던 아름다움을 알아볼 수 있게 되었기 때문일 것이다. 아는 만큼 보인다, 알면 사랑하게 된다는 말처럼 요가를 오래 해 오며 깨치게 된 것들 덕분이다.

이 아사나를 가만히 들여다보고 있으면 몸과 마음의 추가 바닥에 묵직하게 접지되어 있는 듯한 무게감을 느낀다. 햇살이 눈부시게 내리쬐는 고요한 바다 위에 배가 닻을 내리고 평온하게 떠 있듯 무척이나 평화롭고 아름다워 보인다. 바닥에 닿은 부분은 든든한 안정감을 느끼지만 직각으로 들어 올린 다리와 뒤로 넘겨 발을 맞잡은 양손과 머리는 가볍고 우아해 보인다. 부드럽고 따사로운 햇빛의 세례를 한껏 받는 것만 같다. 상상만으로도 내면이 평화로워지고 충만해지는 이 느낌을 나의 온몸으로 느낄 수 있다면 얼마나 좋을까. 묵직하게 온 바닥을 누르며 몸을 지탱하는 힘에서 오는 강인함과 안정감, 비둘기가 모이주머니를 내밀 듯 가슴을 내밀고 부드럽게 상체를 열어내는 데서 오는 여유와 자신감이 있다면 언제고 어떤 상황에서도 자유롭고 당당할 수 있으리라.

또한 이 자세는 신체의 가장 높은 자리에 위치한 머리, 이마 위에 가장 낮은 곳의 발이 맞닿아 있다. 나는 늘 감성보다 이성이, 행동보다 계획이 먼저인 사람이다. 계획이 충분히 시뮬레이션 되어 여유가 생길 때에야 비로소 행동에 옮긴다. 일의 해결과 목표 달성에 집중하다 보니 주변 사람의 감정을 살피고 보듬는 것을 놓칠 때가 많다. 지금은 많이 누그러졌지만 완벽을 추구하는 기질도 꽤나 있다. 계획대로 안 되거나 예상치 못한 변수가 발생하면 예민해진다. 그런 내게 머리 위에 놓여 있는 발이라니. 왠지 한 박자 여유가 얻어지는 느낌이다. 괜찮다고, 꼭 완벽한 계획이 아니어도 시작할 수 있다고 말해주는 듯하다. 미리 모든 걸 가정해 놓을 필요도 없고, 그럴 수도 없다고 일단 행동으로 옮겨보라고 이끄는 듯하다. 언제든 무엇이든 변수는 생길 수밖에 없는 것이 당연하고, 해 나가는 중에 더 좋은 생각이 떠오를 수도 있다고 스스로에게 타이르는 듯하다. 머리와 발이 맞닿는 삶, 계획한 대로 행할 수 있는 능력과 계획대로 되지 않을 때 대처할 수 있는 여유가 공존할 수 있다면. 그리하여 이성과 감성이 조화를 이루는 삶이라면 분명 왈츠를 추듯 경쾌하고 아름다울 것이다.

 결국 선생님께 해보고 싶은 아사나가 있다고 말씀드렸다. 꿈의 아사나였던 우파비스타코나아사나를 경험한 이후, 그리고 부상 이후 약 5년 만에 해보고 싶은 아사나가 생긴 것이다. 해보고 싶은 아사나가 있다는 건 내게 반갑기도 하고 두렵기도 한 일이다. 내 몸을 어디까지 뜻대로 움직일 수 있는지 스스로 알고 있다는 뜻이기도 하고, 그로부터 얼마간의 자신감과 도전 정신이 생겼다는 것이기도 했으며, 이 아사나에 도달하기까지 겪을 힘듦과 지난한 자기와의 싸움을 받아들이겠다는 각오이기도 하니 말이다. 또한 그 과정에서 또다시 욕심과 집착을 부려 겪게 될지도 모를 부상도 감내하겠다는 의지이며, 동시에 그런 일이 생기지 않도록 매 순간 몸과 마음을 알아차리겠다는 의지이기도 하다.

선생님의 도움 없이 혼자서는 아직 이 자세를 해내지 못한다. 하지만 이전처럼 조급해하지 않는다. 무리해서 바로 아사나에 들어가지 않는다. 기본 동작들을 충실하게 수행한다. 매일매일 어깨를 열기 위해 비달라아사나(고양이 자세), 고무카아사나(소머리 자세) 등을, 골반을 풀기 위해 우탄프리스타아사나(도마뱀 자세), 기본 단계의 에카파다라자카포타아사나 등 준비 동작들을 충분히 한다. 척추의 각성을 위해 부장가아사나(코브라 자세), 마츠야아사나(물고기 자세) 등 기본 후굴 자세들을 먼저 착실히 한다. 마찬가지로 집착하지 않는다. 지금의 내게는 안 되는 걸 안 된다고 말할 수 있는 당당함, 안 되는 걸 당장 되게 하겠다고 억지 부리지 않는 여유가 있다. 모두 보석 같은 요가의 가르침, 브라마차리아(절제와 금욕) 아파리그라하(탐하지 않음) 타파스(매일 수행하고 수련함) 스바드야야(자기성찰과 자기탐구) 덕분이다.

아사나 수련을 하다 보면 어제 잘 되던 동작이 오늘 덜 되기도 하고, 어제까지 도무지 안 되던 동작이 오늘 갑자기 되기도 한다. 매사 일희일비할 필요 없다는 걸 수련하며 깨닫는다. 대신 수련하는 이 순간 여기에서, 내 몸을 더 세심하게 살피고 정렬을 가다듬는다. 기본 동작들을 쉬이 여기지 않고 매번 집중하고 깊이를 만들어 낸다. 지금 내가 만들 수 있는 아름다움을 최선을 다해 만들어 간다. 그렇게 나아가다 보면 또 어느 날, 우파비스타코나를 성공했을 때처럼 깜짝 선물을 받게 될지도 모른다.

아리스토텔레스가 말했다. 탁월함이란 뛰어난 완성이 아니라 매 순간의 지금에서 나아가려는 과정이고 습관이라고. 지금 얼마나 잘하는지, 못하지는 중요하지 않다. 다만 나의 지금을 정확히 아는 것. 바로 여기서부터 나만의 탁월함이 시작된다. 이 우아한 아사나를 완성할 수 있을까? 결과는 모른다. 완성하게 되더라도 얼마나 걸릴지 모른다. 내가 하고 싶은 것을 하기 위해 노력하고 있다는 것, 힘들지만 그 과정을 즐기고 있다는 것, 그것이 중요하다. 되고 싶은 자신이 되기 위해 자신을 섬세하게 연마해 가는 것. 그를 통해 자신의 한계로부터 한 발짝 더 자유로워지고 당당해지는 것, 그것이 에카파다라자카포타아사나 수련이 내게 주는 진짜 의미다.

5. 인생은 퍼붓는 빗속에서 춤추는 것을 배우는 것

나타라자아사나 I
:춤의 왕 자세 I

나타라자아사나 II
:춤의 왕 자세 II

춤의 왕 자세 II

1. 타다아사나로 선다

2. 오른쪽 무릎을 접어 오른발을 위로 들어 올린다.

3. 오른쪽 어깨를 회전시켜 오른손으로 오른발을 잡고 다리를 위로 들어 올리면서 뒤로 당긴다. 발을 뒤로 당겨 손과 발의 힘이 서로 균형을 이루게 한다.

4. 오른쪽 허벅지는 바닥과 평행이 되고, 들어 올린 오른쪽 정강이는 바닥과 수직을 이룬다. 왼팔도 머리 뒤로 넘겨 왼손으로 오른발을 잡는다. 호흡하며 자세를 안정시킨다.

5. 호흡에 맞춰 다리를 조금 더 들어 올린다.

6. 몇 차례 호흡을 유지한 후 손을 차례로 떼고 양팔을 내려 타다아사나로 돌아온다.

한 곳에 시선을 고정하고 가슴을 활짝 연다. 억지로 허리를 꺾지 않는다. 맞잡은 손과 발이 서로 당기고 밀어내는 힘의 균형을 잡는다. 바닥을 디딘 다리의 허벅지와 복부의 힘으로 자세를 단단하게 고정한다. 들어 올린 다리의 무릎이 바깥으로 벌어지면 요추와 천장관절에 무리를 주게 되니 주의한다. 발을 잡기 힘들다면 스트랩 등을 이용하여 차츰 범위를 늘려간다. 어깨를 열어 주는 아사나들을 충분히 수행한다. 자세가 불안정하다면 벽에 붙어서 연습하는 게 좋다.

'나타라자'라는 이름은 '춤추는 신' 또는 '춤을 추는 왕'이라는 의미다. 춤의 창시자이자 대가인 시바를 기리는 호칭이기도 하다. 시바는 창조의 신 브라흐만, 유지의 신 비슈누와 함께 힌두 3대 신 중의 한 명으로 흔히 '파괴의 신'이라고 불린다. 하지만 시바는 단순히 파괴적인 존재가 아니라 새로운 창조를 위한 파괴, 즉 재창조와 변화의 힘을 상징한다. 그는 '나타라자'로서 질서가 무너진 세계를 파괴하여 궁극적으로 모든 것을 하나로 합치는 일을 춤을 통해 이루어낸다. 이 춤은 '탄듀라'라고 불리며 우주의 리듬과 변화를 상징한다. 시바가 춤을 출 때 한 시대가 끝나고, 다시 다른 시대가 열린다. 이 춤을 통해 시바는 모든 존재와 연결되며, 우주를 순환하는 에너지의 균형을 유지한다.

반면, 시바는 요가의 신으로서 내면의 고요함을 추구하며, 자신의 마음과 신체를 완벽하게 통제하는 존재로도 알려져 있다.

그는 깊은 명상과 요가를 통해 자아의 속박을 넘어서고, 궁극적인 깨달음을 얻었다. 시바의 명상은 단순히 고요한 상태가 아니라, 자아와 우주와의 합일을 이루는 깊은 내적 탐구의 방법이다. 우주의 질서를 재창조하기 위한 파괴적인 시바의 춤과 고요한 내면을 탐구하는 요가는 서로 상반된 듯 보이지만, 결국 하나의 진리를 향해 나아가는 두 가지 길이다. 시바는 자신의 내면이자 외면인 우주의 파괴와 창조, 고통과 해방의 과정을 춤으로 표현하며, 동시에 요가를 통해 이를 초월하는 방법을 제시한다. 나타라자아사나는 바로 이 신의 춤을 몸으로 구현한 요가 자세이다.

 그래서일까. 나타라자아사나 Ⅱ를 연습할 때였다. 곧바로 다리를 높이 들어 올려 손으로 잡을 수 없기에 끈을 이용했다. 발에 끈을 걸고 끈의 반대쪽 끝을 양손으로 잡고 균형을 유지했다. 호흡이 안정되어 감에 따라 차츰 가슴과 어깨가 열리면서 끈을 잡은 손을 발 쪽으로 조금씩 가져가는 중이었다. 마지막 한 뼘이면 되겠다고 생각할 때쯤 선생님이 다리를 받쳐 올려 주셨고 마침내 손이 발을 잡았다. 그 순간, "아! 선생님! 별! 별이 보여요!!!"라는 말이 튀어나왔다. 찰나지만 몸 안에서 무언가 반짝! 하는 빛이 느껴졌다. 뭐라고 표현하면 좋을까. 마치 그림

책에서만 보던 하늘의 별을 실제로 처음 보는 느낌이었다. 내가 내 표정을 볼 수는 없지만 어떤 표정을 지었는지는 안다. 눈을 동그랗게 크게 뜨고 '와! 진짜 별이야! 진짜로 별이 있어! 봤어? 엄청나!' 하는 표정.

안타깝게도 이후로는 별을 본 적이 없다. 파울로 코엘료의 『연금술사』에서 연금술사는 산티아고에게 진정한 내면의 빛이 아니더라도, 설령 별의 폭발과도 같은 일순간의 섬광일지라도 폭발하는 빛을 보았다면 그것만으로도 고된 삶을 살아갈 가치가 있다고 말한다. 내가 본 것이 내면의 영원한 빛이었는지, 캄캄한 내 몸 안에서 초신성이 폭발하는 순간의 빛이었는지는 모른다. 하지만 이것만은 확실히 안다. 그 별은 거짓이 아니었고, 그 경험은 환상이 아니었다는 것을. 그리고 그 경험이 얼마나 가치 있는 것인지를.

"인생은 폭풍우가 지나가길 기다리는 것이 아니라 빗속에서 춤추는 것을 배우는 것이다." 영국 작가 비비안 그린의 말이다. 내 마음속 길라잡이 별 하나가 있다면, 나만의 북극성이 있다면 세찬 비바람으로 주변을 분간하기 어려울지라도 그 별빛에 의지할 수 있다. 그 별빛을 바라보며 지금 이 순간에 내가 할 수 있는 것들을 충실히 해 나가면 된다. 그것이 바로 빗속에서 춤추는 법이다.

 내 삶에 닥친 폭풍우는 시바가 기존의 혼란스러워진 세계를 파괴하는 것과 같다. 기존의 낡은 시간이 끝나고 바야흐로 무지개가 뜰 새로운 시간을 준비하는 변화의 시간이다. 변화의 한가운데에서 중심을 잃거나 나와는 상관없는 일 혹은 어쩔 수 없는 일로 치부하며 수동적으로 지나가길 기다리기만 한다면 내 삶은 빗자국으로 얼룩질 것이다. 반면, 변화를 받아들이며 그 속에서 나를 잃지 않고 가치와 아름다움을 찾아낸다면 내 인생의 무늬는 나만의 색으로 빛나게 물들 것이다. 낡은 질서와 혼돈의 시간을 거쳐 새로운 질서, 더 나은 상황으로 변화하는 나만의 리듬을 찾아내라는 것이야말로 비비안 그린이 하고 싶은 말이 아니었을까.

 폭풍우의 한복판에 있을 땐 결코 끝나지 않을 듯 두렵지만 긴 인생에서 돌아보면 결국 지나가는 순간일 뿐이다. 화창한 날이 있듯 비바람이 부는 날도 있을 뿐이다. 그러니 가야 할 길을 멀리 바라보며 지금 내딛는 하나의 발걸음에 집중하면 된다. 그 길에서 순간순간 만나게 되는 경이로움에 한껏 감사와 찬탄을 보내는 삶이야말로 춤추는 삶이다. 맑은 날이든 폭풍우 치는 날이든, 덥든 춥든, 그 어떤 순간에도 그 과정을 즐기며 나만의 리듬으로 춤출 수 있는 삶, 내 안에 별을 품은 삶으로 나아가기를. 나타라자아사나를 수련하며 나만의 우주에 흠뻑 젖어본다.

6. 내 안의 나를 만나다

아르다찬드라아사나
:반달 자세

1. 타다아사나로 선 후 두 다리를 1미터 가량 벌린다. 오른발을 90도로 돌리고 왼발은 오른쪽으로 약간 돌린다.

2. 숨을 내쉬며, 오른쪽 무릎을 굽혀 오른쪽 손바닥을 오른발에서 30센티 정도 떨어진 곳에 두고 왼발을 오른발 가까이 이동한다.

3. 왼손은 골반 위에 둔다. 숨을 내쉬며 왼쪽 다리를 들어 올린다. 다리를 쭉 뻗어 바닥과 평행이 되도록 한다. 오른쪽 다리와 오른팔을 쭉 편다.

3. 왼팔을 하늘로 들어 오른팔과 왼팔이 일직선상에 오도록 한다. 숨을 내쉬며 아래를 향하고 있는 가슴을 왼쪽으로 회전시켜 정면을 보게 한다. 정수리부터 왼발까지 일직선이 되도록 왼쪽 다리를 조금 더 들어 올린다.

아래 오른손에는 최대한 체중을 싣지 않는다. 체중은 오른 다리와 엉덩이에 싣는다. 지지하는 다리의 허벅지와 발바닥으로 바닥을 밀어내는 힘을 사용해야 한다. 왼쪽 골반과 가슴이 정면을 향할 수 있도록 엉덩이를 수축하고 복부 힘을 유지한다. 초보자는 아래로 뻗은 팔 아래 블록을 받치면 정수리, 척추, 들어 올려 뻗은 다리가 바닥과 수평이 되어 일직선으로 만들기 더 쉽다.

다니는 요가원은 아헹가 요가를 하기에 블록, 로프, 의자 등의 도구를 많이 이용한다. 또, 도구를 이용하면 어려운 동작들도 아사나의 효과를 누리면서 조금 더 쉽게 수련할 수 있다는 장점이 있다. 도구를 이용해 몸의 정렬을 잡아주니 아사나의 신체적 효과를 더욱 극대화할 수 있다. 하지만 여러 번의 공백기와 정체기가 있었음에도 십여 년 가까이 진정을 다해 수련해 온 덕에 제법 제대로 해내는 자세들이 늘어나면서 오히려 도구를 사용하면 필요충분한 자극이 주어지지 않는 느낌이 종종 들기 시작했다. 거기에 크고 작은 부상을 겪으며 내 몸을 알아가게 되니 점점 도구의 도움 없이 순수하게 내 몸과 마주하고 싶어졌다. 고민 끝에 하타요가(몸과 호흡 수련을 통해 몸과 마음의 결합을 이루는 요가)를 배우고 싶다고 선생님께 말씀을 드렸고 작년 여름부터 일대일 개인 수업을 받기 시작했다. 기존의 월, 수, 금 주 3회 그룹수업은 그대로 가고, 거기다 화, 목 두 번의 개인 수업을 더해 주중 평일 아침은 매일 요가원에서 수련을 한다.

'하타'는 참 재밌는 단어다. 산스크리트어 해(ha)와 달(tha)이 결합한 단어라고 보기도 하고, 힘을 가리키는 단어 'hatha'라고도 해석하기도 한다.° 해와 달이 합쳐져 하나의 온전한 힘을 낸다고 하면 지나치게 자의적 해석일까. 마치 변화무쌍한 음과 양의 에너지 균형을 말하는 동양 사상의 음양 태극 원리와 같다는 생각을 한다. 고대인도 철학 경전 『우파니샤드』의 가장 큰 주제는 세상 전체에 퍼져 있는 우주적 영혼, 우주적 참모습이며 세상의 근원인 브라흐만과 자신의 참모습 아트만이 연결되어 있음을 아는 것이다. 이는 곧 힌두교의 범아일여(梵我一如) 사상이다. 불교의 물아일체와도 맥락을 같이 한다. 다른 모든 요가도 지향하는 점이지만, 그중에서도 하타요가는 몸을 통해 이름처럼 해와 달이 합쳐진 순수한 에너지, 우주 만물의 에너지와 내가 연결되어 있음을 가장 잘 느낄 수 있다고 생각한다.

세상의 근원이 개별화 되어 깃들어 있다는 아트만, 자신의 참모습, 진정한 자아는 대체 뭘까. 요가의 철학적 토대를 다루고 있는 책 『바가바드 기타』에서 크리슈나는 아트만을 태어난 적도 없으며, 죽지도 않는 존재라고 말한다. 그저 태곳적부터 존재했으며 변화하지 않는 존재로 시공간의 영향을 받지 않는다고 말한다. 몸은 오직 아트만이 의지하는 수단일 뿐이며, 아트만은 변하지 않는 본질이라고 한다. 브라흐만과 동일한 것으로 모든 존재 안에 존재하며, 그 안에서 브라흐만의 본질을 나타낸다고 말한다. 알 듯 말 듯 어렵다.

김주환 교수의 『내면소통』에 따르면 지금 글을 읽고 있는 나는 '경험하는 나', 그런 나를 언제나 뒤에서 지켜보고 배경으로 존재하는 근본적인 자아를 '배경자아'라고 한다. 배경자아는 인식의 대상이 아니므로 그냥 알아차려야 한다. 배경자아의 목소리는 누군가에게 때로 '신의 목소리'로 들려오기도 하고, 누군가에게는 마음속 저 깊은 곳에서 울려오는 '내면의 목소리'로 들려오기도 한다. 내가 나의 마음 작용과 감정을 지켜본다고 할 때 그 지켜보는 주체가 바로 '배경자아'인 것이다.[8]

아트만, 진정한 자아, 배경자아 등등 여러 이름으로 불리는 한 존재, 그 존재가 바로 우주의 에너지와 맞닿아 있는 존재다. 어느 날, 아트만, 그이의 목소리를 들었다.

개인 요가 수업에서 아르다찬드라아사나(반달 자세)를 할 때였다. 갑자기 몸에 힘이 하나도 느껴지지 않았다. 분명히 지지하는 왼쪽 다리와 하늘로 뻗은 오른팔에, 바닥을 짚은 왼팔과 들어 올린 오른 다리 모두 한껏 힘을 주고 있는데 힘이 들지 않았다. 완벽한 균형이 이루어진 순간 그 어떤 힘도 들어가지 않았다고 해야 하나. 지지하고 있는 왼쪽 다리는 땅에 심어진 나무처럼 그냥 서 있을 뿐, 어떤 힘도 들어가지 않았다. 바닥을 짚고 있는 왼팔도 그러했다. 아니, 마치 팔이란 게 없는 느낌이었다. 하늘로 뻗친 오른쪽 다리와 팔은 그저 깃털처럼 가볍기만 했다. 나는 분명 땅 위에 있는데 진공 속에 떠 있듯 아무런 무게를 느끼지 못했다. 공기 중의 산소와 이산화탄소와 질소가 내 몸을 이루는 원소와 공명하여 내 몸이 공기인 것 같은 느낌이었다. 순간 어떤 목소리가 들렸다. "아름답다." 숨이 멎을 뻔했다. 요가원에는 거울이 없다. 분명 나는 내 모습을 보지 못한다. 그런데 나를 보고 말하는 목소리를 들었다. 머릿속에서 울린 것인지 가슴속에서 울린 것인지 모른다. 그냥 온몸으로 그 목소리를 들었다. 너무도 기뻐서 그 자세에서 정신없이 떠들었다. "선생님! 지금 너무 편안해요. 힘이 하나도 안 느껴져요. 힘을 줄 필요가 없어요. 내가 너무 아름답다고 느껴요. 아니, 느끼는 게 아니라 내 안에 나보고 아름답다고 하는 목소리가 있어요!" 역시 요가 선생님이셨다. "완전한 균형을 이루면 편안하고 가볍게 자세를 유지할 수 있어요. 진아(眞我)의 목소리를 느꼈군요." 무슨 말인지 단박에 이해하시고 기쁘게 웃어주셨다.

노자가 말했다. 도는 말하는 순간 도가 아니라고. 그 경험을 어떻게 말로 설명할 수 있을까. 나는 분명 존재하는데, 내가 요가 수련 중임을 아는데 내 육체가 없는 느낌, 아름답다고 말하는 내면의 어떤 목소리. 신비로운 체험이었다. 이날 이후로 아르다찬드라아사나는 내가 가장 좋아하는 아사나가 되었다.

한 번 더 물리적 존재로서의 내가 없어지는 경험을 하고 싶었다. 한 번 더 그 목소리를 듣고 싶었다. 그 후 정말이지 글자 그대로 시도 때도 없이 아르다찬드라아사나를 수련했지만, 그날 같은 가벼움은 다시 느낄 수 없었다. 여전히 지지하는 다리는 부들부들 떨리고 하늘로 올린 다리는 무겁기 짝이 없었다. 하지만 괜찮다. 그 목소리는 멀리 몇 백 억 광년 떨어진 우주에서 오는 소리가 아니다. 소금을 물에 녹이면 소금이 더 이상 보이지 않지만 물 어디에나 존재하듯 그 목소리는 늘 내 안에 있음을 안다. 치르치르와 미치르가 온 세상을 찾아 헤맨 파랑새가 자기 집에 있었듯. 늘 나를 보고 있고 언제고 내가 준비되면 다시 말을 건넬 것을 안다. 나의 자의식을 넘어 행위와 숨과 마음, 셋이 하나가 되어 '지금, 여기'에 몰입한다면 언제고 다시 들려올 것이다.

○ 참고문헌: 『중급자를 위한 하타 빈야사 요가』 p42. 김연진, 박윤지. 플레이북
○ 『내면소통』 p165, 166, 167. 김주환. 인플루엔셜

7. 나마스테, 당신 안의 신께 경배합니다

"이 세상에서 진정한 여행은 한 가지뿐이다. 바로 자신의 내면으로 떠나는 여행이다."

 마리아 라이너 릴케의 말처럼 나의 요가의 여정을 잘 나타낸 말이 있을까 싶다. 비록 건강을 위한 운동으로 시작했지만 요가는 나를 있는 그대로 인정하는 과정을 거쳐 결국 나 자신을 만나게 했다. 매 수련의 과정이 또 다른 나를 만나러 떠나는 길이었다. 아사나라는 지도와 요가 철학이라는 나침반이 십여 년 여행의 길잡이가 되어 주었다. 요가는 신체의 단련을 넘어 삶의 매 순간 평화와 중심을 잃지 않으며, 그 속에서 아름다움을 찾아가는 법을 내게 가르쳐 주었다. 내면의 진짜 나를 만나고 그를 통해 타인과 세상과의 연결을 소중히 여기는 삶을 일깨워 주었다.

아사나 수련을 통해 몸의 소중함을 알게 되었고 몸을 보듬고 다룰 수 있게 되었다. 외부의 정보를 받아들이는 오감의 감각뿐만 아니라, 공간상에서 나의 위치, 자세, 움직임, 균형 등을 인지할 수 있는 고유수용감각, 내부를 느끼는 내부감각을 세심하게 훈련할 수 있게 되었다. 고유수용감각은 단순히 물리적 세상에서의 나의 위치를 인지하는 데 그치지 않고 여러 관계 속 나의 위치를 다시 볼 수 있게 해 주었다. 엄마로서, 아내로서, 딸로서, 며느리로서, 친구로서 많은 관계 속에서 늘 나를 잃지 않고 나의 중심을 잡게 해 주었다. 나와 나의 균형 잡힌 관계는 타인과, 사회와의 연결로 확장되었다. 내부감각은 몸속 어딘가의 통증을 느끼는 것을 넘어 마음과 심리의 통증을 헤아리게 해주었다. 이 감각들은 다시 나의 정신을 고양시켰고 여러 요가의 철학서들을 찾게 만들었다. 세계적으로 명성 높은 요가 지도자들이 쓴 에세이 형식의 가벼운 책부터 『요가 수트라』를 넘어 『바가바드 기타』, 『우파니샤드』에 이르기까지 내면의 본질을 다룬 경전들을 읽게 되었다. 물론 읽는다고 해서 다 안다는 것은 아니다. 수 천 년 동안 내려온 그 가르침을 어떻게 한두 번 읽고 다 이해할 수 있을까. 현재 나의 감냥으로, 나의 경험으로 아는 만큼 받아들일 뿐이다. 그러나 매년 수련해 나갈수록 아사나가 달라짐을 느끼듯 반복해서 읽을수록 이해의 경계도 조금씩 깊어지리라 믿는다.

 어떤 책이든 가장 먼저 '알아차림'을 이야기했다. 이 순간의 내 생각이 무엇인지, 나의 감정이 어떤지, 오른쪽 발에 무게중심을 두고 서 있는지, 왼쪽 발에 무게중심을 두고 서 있는지, 어깨에 힘이 들어가 올라가 있지는 않은지, 표정이 굳어 있는지 풀려 있는지, 신체 어느 곳에 어떤 느낌이 드는지, 숨을 얕게 쉬고 있는지, 깊게 쉬고 있는지 알아차리라고 했다. 외부로 열려 있는 주의를 거두어 자신을 하나의 대상처럼 주의 깊게 바라보라고 했다. 자신이 지금 무엇을 경험하고 있는지 알아차리고 그것을 바라보라고 했다. 지금, 이 순간, 바로 여기에서 겪고 있는 것을 시비판단 없이 한 발짝 떨어져 그저 바라보라고 했다. '지금, 여기'가 내면을 여행하는 출발지이며, '알아차림'이 내면을 여행하는 첫걸음이라고 했다. 아사나 수련은 '지금, 여기'에 집중할 수밖에 없도록 만들었고, 지금 여기서 무슨 일이 일어나는지 '알아차리지 않을 수 없게끔' 만들었다. 책의 가르침과 아사나 수련은 톱니바퀴처럼 맞물려 돌아갔다.

 헤르만 헤세의 『싯다르타』는 주인공 싯다르타가 깨달음을 얻는 과정을 섬세하고 아름답게 묘사한 책이다. 피안(彼岸)과 차

안(此岸)의 이원성의 세계를 깨달음으로 통합한 싯다르타는 강물의 흐름에 귀 기울이며 동시에 배 속의 꼬르륵거리는 소리에도 귀를 기울일 줄 알게 된다. 마침내 세상과 자신과 모든 존재를 사랑하고 경탄하는 마음으로 살아간다. 요가의 가르침 또한 마찬가지다. 나의 본질을 찾고 그 본질이 세상과 이어져 있음을 느끼는 것이다. 그렇기에 내가 소중한 만큼 남도, 다른 생명도, 그 세상이 모두 소중하고 귀함을 글이나 생각이 아니라 몸으로 마음으로 느끼게 된다.

 요가를 하는 사람이라면 늘 하는 인사말, 요가를 하지 않더라도 한 번쯤 들어본 말, '나마스테'는 바로 그 의미를 담은 말이다. 당신 안의 신께 경배드린다는 뜻의 이 산스크리트어는 나와 당신이 결국 하나의 본질, 고귀한 신성을 담고 있으며 그렇기에 우리는 결국 연결되어 있음을 나타낸다. 나를 찾는 것은 나의 고유성을 찾는 일이기도 하지만 또한 존재의 보편성을 깨닫는 길이기도 하다. 덕분에 타인을 대할 때 조금 더 열린 마음을 가지려 노력하게 된다.

 자연과 가까운 곳으로 여행을 가면 반드시 이른 아침에 틈을 내어 자연 속에서 요가를 하려고 한다. 아사나 수련을 빼먹고 싶지 않기도 하고, 아직 분주해지기 전 자연의 에너지를 느끼고 싶어서이기도 하다. 넓은 공원 잔디밭에서 현지인들처럼 맨발로 잔디를 밟으며 수련을 하기도 하고, 요가 매트 없이도 흙바닥에 머리를 대고 물구나무도 서보고, 바닷바람을 맞으며 한껏 몸을 펼쳐 보기도 한다. 자연과 한 발 더 가까이에서 따사로운 햇빛과 부드러운 미풍을 피부로 느낀다. 이국의 새소리와 파도소리, 나뭇잎 사각거리는 소리를 듣는다. 부드러운 풀과 시원한 모래의 감촉이 발바닥에 선명하게 전달된다. 은은한 꽃향기와 신선한 짠 내가 후각을 깨운다. 청량한 공기에 눈이 맑아진다. 오감으로 느끼는 세상이 내 몸 구석구석을 채운다. 이때의 오감은 더 이상 나를 흐리는 자극이 아니다. 자연의 에너지를 받아들이는 창구가 된다. 평소 요가원에서 수련할 때와는 다른 에너지가 차오르는 것을 느낄 수 있다. 충만해지면서 동시에 겸허해지는 경험을 한다. 여행지에서는 어려운 아사나를 하지 않는다. 몸에 익은 기본 아사나들만 한다. 잠에서 깬 지 얼마 되지 않은 탓에 몸이 덜 풀려 기본 아사나조차 완전하지 못할 때도 있다. 그럼에도 충분하다. 무언가를 해내는 것이 목적이 아니라 그저 '지금, 여기'에서 '나'와 '세상' 사이에 어떤 틈도 없이 몰입하는 과정만으로도 이미 충만해지고 감사해진다. 그 과정에서 세상은 더 이상 객체가 아니며 나는 세상의 일부임을 온몸으로 알아차리게 된다.

 겨울 어느 날 명상 수업에서였다. 넓고 따뜻한 요가원에 선생님과 단둘이 마주 앉아 명상에 들어갔다. 어제 읽은 책, 이불킥 하고 싶은 지난주의 사건, 오늘 저녁 메뉴, 다음 주 약속 등 온갖 것들이 두서없이 떠올랐다가 가라앉기를 반복했다. 그냥 바라보았다. 이 생각들을 하면 안 돼, 마음을 고요히 해야지 이러면 어떡해, 하는 생각 따위는 하지 않았다. 그냥 이런 생각들이 떠오르는구나, 했다. 그런 생각들이 다 지나고 나자 사람들이 떠올랐다. 아이들, 남편, 부모님, 친구들, 지인들…. 감은 눈에서 순간 나도 모르게 눈물이 흐르고 말았다. 콧물까지 훌쩍이며 눈을 감은 채 눈물을 닦아냈다. 내가 지금 여기 이렇게 있을 수 있는 건 모두 이 사람들 덕분이구나, 감사함에 북받친 눈물이었다. 나라는 존재가 이렇게 환대받고 있었구나, 내가 세상에 진 빚이 너무도 많구나, 존재의 바닥으로부터 감사와 경외가 올라왔다. 콧물을 훌쩍이고 눈물이 흐르는데 충만함 가득한 미소가 지어졌다.

 요가를 통해 삶의 경이를 점점 자주 접하게 된다. 타인과 내가 연결되어 있음을, 내가 곧 세상의 일부임을 몸과 마음속에서부터 깊이 느낀다. 모든 순간을 이렇게 깨어있는 의식으로 살 수 있다면 얼마나 좋을까. 여전히 많은 순간에 내가 우선인 선택을 하기도 하고, 또 다른 어느 순간에는 부끄러워하며 후회하기도 한다. 여전히 이전과 크게 달라 보이지 않는 삶일지도 모른다. 하지만 아사나의 완성이 요가가 아니라 아사나를 수련하는 과정이 곧 요가이듯, 한 번 더 알아차리고 한 번 더 노력하는 과정이 곧 인생이 아닐까 한다. 공자도 일흔에서야 마음대로 해도 법도에 어긋남이 없었다 했다. 매일 수련하고 노력하다 보면 일흔쯤, 혹은 그 너머 삶의 어딘가에 매 순간 깨어있을 수 있는 날을 만날 수 있지 않을까. 그때가 되면 진정한 내 안의 빛이 언제나 인사를 건넬 것이다.

나마스테.

이완의 순간들

초판 1쇄 인쇄	2025년 8월 18일
초판 1쇄 발행	2025년 8월 28일

지은이	이윤주
펴낸이	이장우
책임편집	송세아
디자인	theambitious factory
편집 제작	안소라 김소은
관리	김한다 한주연
인쇄	KUMBI PNP
펴낸곳	도서출판 꿈공장플러스
출판등록	제 406-2017-000160호
주소	서울시 성북구 보국문로 16가길 43-20 꿈공장 1층
이메일	ceo@dreambooks.kr
홈페이지	www.dreambooks.kr
인스타그램	@dreambooks.ceo
전화번호	02-6012-2734
팩스	031-624-4527

이 도서의 판권은 저자와 꿈공장플러스에 있습니다.
이 책은 저작권법에 의해 보호받는 저작물이므로 무단전재와 무단복제를 금합니다.

일부 맞춤법 및 띄어쓰기의 변형은 저자 고유의 글맛을 살리기 위함입니다.

ISBN	979-11-993697-2-6
정가	17,600원